너 하나님의 사람아

너
하나님의
사람아

구자억

규장

누가 내게 설교나 축도처럼 진중한 걸 부탁하면
그 자리를 빠져나오는 나만의 방법이 있다.
일단 고개를 푹 숙인 채 시선을 피하며 말한다.
"전 한낱 뽕짝가수입니다. 감히 가당치도 않습니다요."
항상 밝게 웃으며 익살을 떠는 뽕짝가수로 살다보니
이런 일들이 내게 어울리지 않는다고 생각해서다.
그래서 책을 내는 일도 꽤나 조심스럽다.

음반을 내라고 하면 신이 나서 달려들겠는데,
왠지 책은 나와 어울리지 않는 것 같아서….
'여기저기를 유랑하며 뽕짝을 부르는 가수가
과연 책을 통해 독자들과 만날 수 있을까?
좋은 책을 내는 훌륭한 분들이 많은데,
군이 뽕짝가수의 책까지 필요할까?'

그러다 지나온 내 여정을 돌아보면서

조심스레 이야기들을 꺼내놓고 싶은 생각이 들었다.
음악을 좋아하던 꿈 많은 한 청년이
'뽕짝을 부르는 목회자'라는 특이한 정체성을 갖기까지
사람의 계획과 의지로만이 아닌
하나님의 특별한 인도하심이 있었다.

어제도 나는 한 경로대학에서 구수한 사투리를 섞어가며
어르신들에게 옛 가요와 뽕짝찬양을 불러드렸다.
머리가 하얗게 센 분들 앞에서 재롱을 떨며 노래를 부르면
내가 목사인지 각설이인지 헷갈릴 때가 많다.
하지만 부인할 수 없이 난 뽕짝가수다.
그러나 '하나님의 뽕짝가수'다.

어울리지 않게 왜 책을 내냐는 물음에
나름 이렇게 변호해본다.
TV도 교육적인 내용의 방송만을 기대하며 켜지 않고,

예능도 보고, 영화와 뉴스도 보지 않느냐고.
나 스스로의 위치를 알기에 다른 목사님들처럼
깊은 영적인 메시지와 통찰을 전하고픈 생각은 없다.
"이렇게 살아야 한다"라고 성경 말씀으로
독자들을 권면하고픈 마음은 더더욱 없다.

그저 별것 아닌 뽕짝가수의 삶에 베푸신
하나님의 크신 은혜에 울고 웃으며 보는 책,
목마른 사람에게는 한 컵의 냉수 같고,
배고픈 사람에게는 잘 말아진
한 그릇의 뜨끈한 국수 같은
그런 책이 되었으면 좋겠다.

Contents

내 영광을 위해 노래하라

에필로그

*뽕짝목사가 들려주는 회중찬송(會衆讚頌) 이야기

뽕짝이 네게 족하도다

꿈 많고 파란만장했던 대학 시절, 작은 교회에 전도사로 부임하여 오후예배에 찬양 인도를 하게 되었다. 그때까지 많은 성도들 앞에서 찬양 인도를 해본 적이 없어서 무척 긴장이 되었다. 열심히 찬양을 부르는데 성도들이 옆 사람의 눈치를 보며 수군수군하며 키득키득 웃었다.

'왜 웃으실까? 내 얼굴에 뭐가 묻었나, 아니면 내 옷차림이 좀 촌스러운가?'

이런 생각을 하면서 예배를 마치고 내려왔다. 다음 주도 다다음 주도 마찬가지였다. 시간이 좀 흐른 뒤에 그 이유를 알게 되었다. 내 찬양에 내재된 트로트의 느낌, 소위 '뽕삘' 때문이었다. 어린 시절부터 어머니의 영향으로 나훈아 씨의 노래를 듣고 흉내를 내다보

11

니 다른 노래를 불러도 자연스럽게 트로트의 느낌이 배어 나왔다. 몇몇 성도들은 내 찬양을 들으면 왠지 모르게 간지럽다고 했다. 이 복잡 미묘한 느낌을 글로 나타내는 게 어렵지만 굳이 표현한다면, 보통 "주의 친절한 팔에 안기세~"라고 부르는데 나는 "주우의 치인절하안 파알에 은기세에~"라고 부르게 된다. 아무리 고치려 해도 잘 되지 않았다. 세 살 버릇이 여든을 간다는데 20여 년 가까이 밴 버릇이 쉽게 없어지겠는가. 태교 음악조차 나훈아 씨의 노래였으니….

나름 찬양 사역을 비전으로 갖고 있던 내게는 사도 바울의 가시와 같은 것이었다. 이것이 떠나기를 하나님께 여러 번 구했으나 내게는 같은 대답만 돌아왔다.

"뽕짝이 네게 족하도다!"

고치려 해도 잘 되지 않고, 찬양할 때 이것까지 신경을 쓰려니 스스로에게도 은혜가 되지 않는 것 같아 그냥 부르기 시작했다. 그런데 내 뽕짝찬양이 교회 안에 퍼져서 돌아다니기 시작했다. 그도 그럴 것이 1년 넘게 그렇게 찬양 인도를 하다보니 몇몇 성도들이 내 스타일을 따라 찬송을 부르게 된 것이다.

한번은 여러 교회가 모이는 연합집회에 갔는데, 다른 교회의 성도들과 우리 교회의 성도들이 부르는 찬양이 확연히 달랐다. 그때부터 담임목사님의 근심이 이만저만이 아니셨다. 이대로 계속 놔두면 조만간에 전교인들이 뽕짝스타일로 찬송을 부르게 되는 날이 속히 임하게 될 것 같으니 말이다.

결국 나는 목사님의 권면으로 2년을 다 못 채우고 오후예배의 찬양 인도를 다른 집사님에게 인계하고 기타 반주자로 밀려났다. 그때는 얼마나 서운했는지 모른다. 그러나 성도들의 열화와 같은 성원에 힘입어 나는 2주 만에 다시 인도자의 자리에 섰다. 성도들이 다른 사람의 찬양 인도는 밋밋해서 못 듣겠다고 해서…. 교회 안에 무슨 일로든 파(派)가 나뉘면 안 되지만, 당시에는 뽕짝파가 클래식파에 승리를 거두었다. 할렐루야!

그 교회에서 오래도록 성도들과 즐겁게 찬양을 부르며 예배를 드렸다. 킥킥대며 초보 전도사의 트로트풍의 찬양을 듣던 집사님과 권사님들의 모습이 지금도 잊히지 않는다. 사실 그 분들도 속으로는 좋아하지 않으셨을까. 무겁고 엄숙한 교회의 분위기 속에서 트로트를 좋아하는 40대부터 70대까지의 집사님과 권사님들이 트로트의 향기를 맡으니 말이다.

아마도 그 분들은 케이블 방송의 오디션 프로그램에 녹색 트레이닝복을 입고 뽕짝찬양을 부르는 내 모습을 보고 전혀 놀라지 않았을 것이다. "그때 그 전도사가 드디어 제 길을 찾았구나"라고 하지 않았을까!

뽕짝이 내게 무엇이냐고 물으신다면

뽕짝이 내게 무엇이냐고 물으신다면 난 '눈물의 씨앗'이라 말할 것이다. 뽕짝찬양을 부르며 교회 안에서 많은 사람들의 관심을 받다보니 주변에서 내게 이런저런 말들을 했다.

"요즘처럼 어려운 시기에 교회를 개척하는 것보다 훨씬 좋지, 안 그래? 아주 독특한 것으로 잘한 거야!"

사실 이런 말을 들으며 나는 참 서운했다.

'아니, 교회 개척은 어렵고, 트로트찬양은 쉬운가? 어찌 보면 이것이야말로 개척의 길이 아닌가!'

10여 년이 지나 하나님의 은혜로 내 뽕짝찬양이 알려지게 되었지만 그동안 서럽고 억울하고 힘들어서 그만두고 싶은 때가 참 많았다. '잘 되겠느냐' 하는 의심과 걱정의 시선이 대부분이었다. 사실 걸어온 여정만을 두고 본다면 차라리 '평범하게 목회했다면 어땠을까' 하는 생각이 들기도 한다. 이리저리 봇짐 지고 유랑하며 다니는 뽕짝가수의 삶은 정말 고달프기 때문이다.

한번은 집회를 하러 교회 앞까지 갔다가 나를 섭외한 전도사님이 장로님을 설득하지 못해 되돌아온 적도 있다. 어떤 곳에서는 찬양을 한 곡 불렀는데 한 성도가 "그게 찬송이냐"라며 비웃으며 손가락질을 하기도 했다. 이런 종류의 에피소드는 너무나도 많다. 그리고 그런 비판과 염려가 그림자처럼 늘 내 사역을 따라다녔다.

뽕짝을 가볍고 쉽게 보는 게 일반적이어서 교역자가 뽕짝찬양을 부르는 걸 좋지 않게 보는 사람들의 마음도 한편으로는 이해된다. 그래서 누군가가 뽕짝이 내게 무엇이냐고 다시 묻는다면 '내게 지워진 십자가'라고 말할 것이다.

사실 피하려고도 했고, 목사 안수를 받으면서는 여러 번 그만두려고도 했다. 그러나 그때마다 다시 하게 된 건 내 의지가 아니라 하나님의 '부르심' 때문이었다. 진실로 이 사역은 이 시대에 필요하기에 그분이 '구자억'이라는 부족한 사람을 불러서 하게 하신 게 틀림없었다.

"왜 하필 저입니까? 왜 하필 뽕짝입니까?"

하나님께 수없이 여쭈었다. 교회에서 예배드리며 찬양을 부를 때 모든 찬송가가 트로트처럼 불리고, 사람들이 목회자의 권위 있는 이미지보다는 가볍고 웃기는 내 모습만을 기대할 때 그랬다. 내 안에 '목회 현장에 들어가 일반 목회자로 설 수 있을까' 하는 두려움이 생길 때면 더더욱 묻고 싶었다.

지금 뽕짝은 내가 부득불 짊어져야 하는 십자가가 되었다. 언젠가 네가 부르게 될 뽕짝을 다 마친 후에는 천국에 가서 정말 멋진 반짝이 면류관을 달라고 말씀드릴 것이다. 그리고 그걸 쓰고 예수님과 스텝을 신나게 밟아보리라!

이것이 내게서 떠나가게 하기 위하여 내가 세 번 주께 간구하였더니

나에게 이르시기를 내 은혜가 네게 족하도다

이는 내 능력이 약한 데서 온전하여짐이라 하신지라

그러므로 도리어 크게 기뻐함으로 나의 여러 약한 것들에 대하여 자랑하리니

이는 그리스도의 능력이 내게 머물게 하려 함이라(고후 12:8,9)

내 은혜가
네게
족하도다

01

노래하는 전도사에서
뽕짝목사로

아프면 사명이다

"와, 젊으시네요. 트로트를 부른다고 해서 나이가 좀 드신 분인 줄 알았어요!"

찬양집회를 하러 가서 내가 가장 많이 듣는 말이다. 목회자인 내가 비교적 젊은 나이에 트로트를 부른다고 하니 의아해하며 가장 많이 하는 질문이 "왜 하필 트로트인가"이다.

어느 날, 청소년 수련회에 가게 됐는데 내 순서 다음으로 한 찬양 팀이 나와서 신나게 찬양했다. 찬양 밴드가 무대 위로 올라가고, 학생들이 막 뛰면서 찬양하는데 내 눈에는 그 모습이 들어오지 않고 뒤쪽에서 그들을 부럽게 쳐다보시는 집사님과 권사님들이 보였다.

알고 보니 식사 봉사하러 따라온 권사님과 집사님들이었다. 내 순서를 마치고 짐을 챙겨 나가려고 하는데, 한 권사님의 한마디가 내 마음에 박혔다.

"나도 저렇게 한 번 흔들어 봤으면 속이 다 후련하겠네…."

탄식과 같은 그 말을 듣고 나는 마음이 정말 아팠다.

'애쓰고 수고하여 지금의 교회를 일궈놓은 세대인데 수련회에 식사 봉사를 하러 와서도 소외되는구나. 젊은 세대를 위한 문화와 찬양 장르는 많은데, 왜 그들을 위한 건 따로 없을까?'

이런저런 생각을 하면서 집으로 돌아왔다. 그런데 이 마음이 꽤 오래 지속되었다. 주변 사람들에게 말했더니 "아프면 사명이다"라고 했다. 그러다가 결국 트로트를 찾게 되었다. 처음부터 트로트를 좋아해서 했던 게 아니다. 그저 트로트여야만 하는 이유가 내게 있었다.

그렇게 트로트찬양을 시작하게 되었다. 그런데 트로트찬양이 조금씩 알려지면서 주변에서 이런 말들을 했다.

"틈새시장을 매우 잘 파고들었네."

"사람들의 니즈(needs)를 잘 파악했어."

"독특한 것으로 포지셔닝(positioning)을 아주 잘했네."

'현상'을 두고 하는 말이라면 맞지만 '나'를 두고 보자면 틀린 말이다. 나는 트로트가 틈새시장이라고 생각해본 적도, 성도들에게 그런 니즈가 있는지 조사해본 적도 없다. 묵묵히 헌신하다보니 어느새 나이가 들어버린 집사님과 권사님들의 아픔에서 시작되었다.

지금도 마찬가지지만 찬양 사역자로 크게 성공하고 싶은 마음도 없었다. 또 그렇게 되기 위해 여기저기 홍보하러 다녀본 적도 없다. 크리스천 문화 속에서 소외 당하여 아픈 영혼들의 속을 후련하게 해줘야겠다는 생각만 한다. 그래서 트로트찬양 앨범을 3집까지 냈고, 나를 불러주는 곳에 가서 하나님을 기쁘게 찬양하며 사명을 감당해왔을 뿐이다.

사업을 하는 사람이라면 소비자의 필요를 파악하고 경쟁사의 강점과 약점, 나의 강점과 약점을 알아야 하고, 또 어떻게 전략적으로 포지셔닝을 해나가야 할지를 조사하는 게 맞다. 하지만 사명을 갖고 사역하는 사람이라면 다른 무엇보다 그 시작점에 '영혼 사랑'이 있어야 한다고 생각한다.

목회자의 사명의 시작점에 웅장한 건물, 수많은 성도, 넘치는 재정이 있다면 세상의 기업이나 자영업자들과 다를 바가 없지 않을까. 물론 이런 것들이 필요 없다는 건 아니다. 다만 시작점에 있을 건 아니라는 것이다.

또 사명의 시작에는 '아픔'이 있어야 한다. 잃어버린 영혼, 상처받은 영혼에 대한 아픈 마음에 공감할 수 있어야 한다. 그것은 마태복음 9장에 기록된, 예수님이 그 무리를 보고 민망히 여기신 마음이다. 내가 여러 비판과 조롱을 감수하고 뽕짝을 부르는 이유는 단순하다. 내가 뽕짝을 부르면 교회의 문화에서 소외된 장년층과 노년층의 성도들이 신나게 춤출 수 있기 때문이다. 소외되고 억눌린 모든 것에서 벗어나 기뻐 뛰며 찬양하는 그 모습을 보면 내 마음이 벅차오른다. 그런 성도들과 내 모습을 보며 웃으시는 하나님의 모습을 그리며….

비닐하우스, 관광버스 전도자

2014년에 한 방송 매체를 통해서 알려지게 되었지만, 나는 2009년부터 본격적으로 트로트찬양 사역을 하며 많은 사람들에게 사랑을 받았다. 여름이나 겨울이 되면 많은 교회들로부터 섭외를 받아 기쁨으로 사역을 감당했다. 물론 처음부터 그랬던 건 아니다. 그때는 아는 선배 목사님들이 교회에 나를 세워주면 한두 곡 정도만 불렀다. 반응이 좋다보니 더 듣고 싶다는 성도들의 요청으로 한 시간 남짓 찬양집회를 인도하게 되었다.

시골의 작은 교회에 갔을 때였다. 마을 주민들을 모시고 잔치를 벌이는 자리였는데 반응이 그다지 좋지 않았다. 집회를 마치고 나오는데 사모님이 "우리 교회는 창립 이래로 이런 걸 처음 해봐요"라고 하셨다. 사실 도시 교회가 아닌 농어촌 교회들은 할 수 있는 문화 행사가 귀했다.

또 점점 고령화 되어가는 시대의 흐름 때문인지 경로대학 집회가 많아졌다. 그러면서 다시 한번 트로트찬양 사역이 한국교회에 꼭 필요하다는 걸 느꼈다. 그런 생활을 3년 정도 하니 이곳저곳에서 집회 문의가 끊이지 않았다. 그중 잊지 못할 사건들도 참 많았다.

한번은 충남의 작은 교회에서 집회를 마치고 식사를 하고 있는데 목사님이 어렵게 말씀하셨다.

"꼭 오셔야 할 분들이 못 오셨는데, 산을 하나만 넘어가서 노래를 한번 해주세요."

나는 생각했다.

'아니, 아골 골짜기 빈들에도 간다고 했는데 영혼이 있는 밭이라면 당연히 가야 하지 않겠는가!'

그런데 이미 목사님이 내 이동식 앰프를 승합차에 싣고 계셨다. 산을 넘어가니 비닐하우스 안에 아주머니 여섯 분이 밭을 매고 있었다. 그곳에서 나는 앰프를 꺼내놓고 공연을 시작했다. 지금까지도 잊을 수 없는 참 특별한 경험이었다.

'비닐하우스에서 찬양전도 집회를 열다니!'

또 한 가지 잊지 못할 에피소드가 있다. 어느 날 전화 한 통이 왔다. 나이가 좀 드신 여자 분이었다.

"여보세요. 뽕짝으로 찬송한다는 분이 맞아요?"

순간 내 마음이 상했다.

'아니, 트로트로 찬양하는 사람, 혹은 성인가요로 하나님께 찬양을 드리는 사람이라는 좋은 말도 많은데…. '뽕짝'이라는 말을 굳이 써야 한다면 '뽕짝으로 하나님께 영광을 돌리는 사람'이라고 할 수도 있을 텐데….'

그런데 맞는 걸 아니라고 할 수가 없어서 내가 말했다.

"네, 저는 트로트로 찬양하는 구 전도사입니다. 무슨 일이시죠?"

충남의 한 교회의 섭외 요청이었다. 나는 그 날짜에 맞춰 교회로 갔다. 그런데 이상하게도 그 권사님은 내게 교회 안으로 들어오지 말고 마당에서 기다리라고 했다. 그래서 나는 속으로 생각했다.

'도대체 무슨 일이기에 교회 안으로 들어오지 말라는 걸까?'

그런데 15분 정도 지나니 관광버스가 한 대가 마당으로 들어왔다. 그리고 나는 그 권사님의 강권적인 인도하심으로 그 버스로 들림(?)을 받았다.

사건의 전말은 이렇다. 뽕짝을 너무 좋아하셨던 권사님이 모 언론 매체에 소개된 내 기사를 보고 나를 꼭 섭외하고 싶었다고 한다. 그런데 장로님들의 반대에 부딪치자 여선교회 회장님인 직권으로 야외 예배에 나를 초청하신 것이다. 물론 집회 장소가 버스 안은 아니었지만 가는 길에 분위기도 살릴 겸 노래를 부르기도 했다.

덕분에 나는 전무후무하게 관광버스에 올라 찬양집회를 한 전도자가 되었다. 18세기에 영국을 복음화시켰던 존 웨슬리는 말을 타고 복음을 전했다면 21세기의 구 전도사는 관광버스를 타고 복음을 전하게 된 것이다.

행복한 딴따라

지금은 장년층과 노년층을 위한 트로트찬양 사역만 감당하고 있지만, 처음부터 그랬던 건 아니다. 우연한 계기로 청소년들을 대상으로 찬양 사역을 하게 되었다.

어릴 때부터 유독 음악을 좋아했던 나는 학창 시절에 교회에서 줄곧 찬양단을 했다. 그때는 노래보다는 악기에 관심이 더 많았다. 친할머니의 서원기도 덕에 감리교신학대학교에 입학했을 때도 목회자보다는 찬양 사역자가 되고 싶었다.

음악은 내 안에 있는 무언가를 표현해낼 수 있는 하나의 도구였다. 그러나 별다른 활동 없이 친구들과 가끔 동아리방에 모여 통기타를 치며 노래 부르는 게 전부였다.

그러던 어느 날, 기숙사에서 같은 방을 쓰는 후배가 말했다.

"형님, 학교 축제 때 노래를 불러 1등하면 상금을 준답니다. 1등을 해서 치킨이라도 한 마리 쏘십시오!"

당시 네 명이 함께 방을 쓰고 있었는데, 내가 항상 시끄럽게 노래를 불러서 미안하기도 했고, 사람들 앞에서 노래를 불러보고 싶다는 마음에 급히 준비해서 무대에 올랐다. 그때 유독 좋아했던 이덕진이라는 가수의 〈내가 아는 한 가지〉라는 노래를 '내가 믿는 한 가지'로 가사를 바꿔 불렀다.

이 세상의 무엇 하나도 나를 꺾을 수는 없겠지만
주님 뜻대로 살아가는 것만이 내가 믿는 한 가지

잘 알려지지 않은 곡임에도 불구하고 관중들의 열화와 같은 성원으로 나는 1등을 했다. 그날 잠자리에 누웠는데 심장이 계속 두근거렸다. 나를 정말 잘 표현할 수 있는 건 악기가 아니라 노래라는 생각이 들었다.

'그래, 노래를 부르는 사역자가 되자.'

마음을 정하고 당장 무엇을 할지 고민했다. 여유로운 상황은 아니었지만 일단 할 수 있는 것부터 준비하자는 생각에 노래를 가르쳐주는 학원에 등록했다. 그때 나를 가르치던 강사가 윤도현 씨의 〈너를 보내고〉를 연습해오라고 했다.

'나는 하나님을 찬양하는 사역자가 될 거니까 노래 한 곡이라도 하나님의 영광을 위해 드리자!'

나는 이런 마음으로 가사를 바꿔 불렀다.

갈보리 그 언덕마다 보혈 남기고 올라가는

우리 주님은 나를 사랑하셨는데

난 왜 주님의 그 큰 사랑을 가슴에 품고도

같이 간다 하지 못했나

2년 정도 꾸준히 노래를 배우자 실력도 늘었고, 은혜롭게 개사한 곡들도 꽤 많아졌다. 한 선배가 우연히 내 노래를 듣고서 자기 교회의 축제에 나를 초청했다. 물론 기존 가수들의 노래를 가사만 바꿔 부르는 거였지만 내게는 대단한 일이었다. 어쨌든 내 데뷔 무대가 아닌가!

인천의 한 중형 교회의 친구초청 잔치였는데, 가사를 바꾼 노래를 부르며 은혜롭고 즐거운 시간을 가졌다. 찬양이나 설교와 같은 교회 문화에 낯선 사람들이 많이 왔는데 내가 부르는 노래들은 귀에 익숙해서 함께 부르며 즐거워했다.

그리 큰 무대는 아니었지만 노래를 부르는 날 보고 행복해하는 사람들을 보니 넉넉지 않은 형편에 학교생활과 사역을 겸하며 힘들게 노래를 배웠던 시간들이 아무렇지도 않게 느껴졌다. 그때 내 안의 나를 만났다.

'난 무대에 설 때 행복을 느끼는 사람이구나!'

그날 친구초청 잔치 이후로 내 노가바(노래 가사 바꿔 부르기) 사역이 교단 내에서 입소문이 나기 시작했다. 그래서 아는 전도사님들을 통해 집회에 초청을 받아 노래를 부르며 다니게 되었다.

알음알음으로 불러주는 곳에서 청소년을 대상으로 노래를 부르면서 오늘날 교회 문화가 젊은 층에게 편중되어 있음을 알게 되었다. 그리고 앞서 말했듯 하나님께서 내게 아픔으로 느끼게 하셨고, 이것이 곧 내 사명이 되어 트로트찬양 가수로 데뷔하게 되었다.

'나는 하나님을 찬양하는 사역자가 될 거니까
노래 한 곡이라도 하나님의 영광을 위해 드리자!'
나는 이런 마음으로 가사를 바꿔 불렀다.

세계 최초 트로트찬양 가수

나는 집회에 가면 우스갯소리로 말한다.

"저는 세계 최초 트로트찬양 가수입니다!"

트로트는 우리나라 고유의 장르이고, 트로트로 찬양하는 사람이 세상에 없으니 틀린 말도 아니다. 하지만 트로트찬양의 시작은 그리 쉽지 않았다.

처음에는 내 자신이 좀 부끄럽고, '정말 내가 밤무대에서 노래하는 뽕짝가수로 보이지는 않을까' 하는 생각이 들기도 했다. 그런데 시간이 지나면서 참 귀한 사역이라고 느끼게 되었다. 문화적으로 딱히 누릴 게 없는 농어촌에서는 더더욱 빛을 발했다. 그곳에서는 세상과 접촉점을 찾으려고 해도 마땅한 게 없었는데 트로트와 찬양을 접목하니 좋은 선교의 도구가 되었다.

'주님의 몸 된 교회의 필요가 있어서 내게 이런 사명을 주셨구나!'

사역하는 동안 좋은 일도, 서러운 일도 많았지만 지나고보니 다 하나님의 은혜였다. 모든 일이 내게 꼭 필요한 그분의 인도하심임을 고백하게 되었다.

노래 가사를 복음적으로 바꿔 부르며 청소년 사역을 하던 때 우연치 않게 찬양 음반을 낼 기회가 찾아왔다. 원래는 내가 좋아하는 발라드와 록 음악 장르로 내려고 했다. 그런데 하나님의 뜻하심과 인도하심으로 트로트찬양 음반을 내게 되었다. 하지만 그 과정은 결코 쉽지 않았다. 트로트찬양 음반을 내겠다고 하니 도와주겠다는 사람이 아무도 없었다. 결국 나 혼자 음반 작업을 해야 했다.

음반 프로듀싱(음반이 제작되는 모든 과정을 관리하고 책임지는 것)은 내게 매우 생소했다. 주변 지인들의 소개로 이런 일을 하는 이들을 만났는데, 다들 "트로트는 안 된다"라고 했다. 사람들을 만나 설득하는 일도 지쳐서 내가 직접 프로듀싱을 해야겠다고 생각했다. 그때부터 많은 사람들을 찾아가서 음반 제작에 대해 물었다.

그렇게 몇 개월 동안 음반 프로듀싱과 관련된 사람들을 만나보니 불가능한 일도 아니라는 생각이 들었다. 그래서 2009년 초부터 1집 음반을 직접 프로듀싱했다. 그리고 그 해 9월에 첫 번째 트로트찬양 음반이 발매되었다.

아직도 처음 나온 CD를 받아들었을 때가 생생하다. "이렇게 나왔습니다"라며 음반 프레스(음원을 시디에 담는 것)를 해준 사장님이 내 손에 CD를 쥐여주는데, 마음이 뭉클하고 눈물이 나왔다. 나는 조용히 밖으로 나와 하나님께 감사의 기도를 드렸다.

당시 발매한 음반에 이런 내 마음을 잘 대변하는 문구를 써넣었다. 그리고 '트롯정음'(훈민정음에 빗대어)이라고 이름을 붙인 짧은 글이다.

이 나랏 찬양이 여선교회 감성과는 달라

정작 교회의 기틀을 닦으신 분들과 맞지 아니할새

이런 연고로 이들이 설거지나 가사일 중에

부를 신나는 찬송이 없으니

여선교회 백성 및 트로트 애청가들의

영혼을 달래고 기쁘게 하지 못하느니라

나 구전도사 이를 너무 안타까이 여겨

트로트찬양 네 곡을 만들고,

찬송가와 복음성가 일곱 곡을 트로트로 편곡하니

트로트를 사랑하는 사람마다 날로날로 부르매

이 땅에 고루 퍼지도록 하기 위함이라

-1집 〈Incarnation〉 프롤로그 중에서

교회의 문화에서 소외된 교회의 어르신들을 향해 품었던 아픔이 열매가 되어 세상 속에 맺혀졌다. 나는 오랜 기간 고민하다가 음반의 제목을 'Incarnation'(성육신)이라고 지었다. 음악적으로는 찬양의 성육이요, 어르신들에게 바치는 한 송이의 카네이션이라는 의미로.

아따, 참말이여!

아마도 내 트로트찬양 중에서 많은 사람들이 궁금해하는 곡이 〈참말이여〉일 것이다. 내 사역을 널리 알리게 된 곡이니 말이다. 이 곡이 탄생한 사연은 이렇다. 내가 교회에서 집회를 할 때 성도들과 주거니 받거니 하며 나누는 말이 있다.

"제가 '와 이리 좋노'할 거예요. 그러면 성도님들은 두 손을 번쩍 들고 '앗싸' 하시면 됩니다. 우리가 뭐라고 하나님의 자녀로 삼아 주신 것도 좋고, 이렇게 좋은 성전에서 하나님을 찬양할 수 있으니 좋고, 세계 최초 트로트찬양 가수를 직접 보니까 좋으시죠?

이제부터 한국적으로 그 기쁨을 표현하는 거예요. 사실 우리는 기분이 좋으면 '할렐루야'보다 '앗싸'가 먼저 나오잖아요. 예수님이 이스라엘이 아니고 한국에 오셨다면 전 세계 기독교인들이 '앗싸' 하면서 살았을지도 몰라요."

이렇게 말하면 성도들이 한 번 더 웃는다. 조금 어려운 용어 중에 '토착화'라는 말이 있다. 이것은 어떤 사상이나 풍습, 제도 같은 것들이 그 지방의 지방색과 동화되면서 자연스럽게 뿌리를 내린다는 의미다. 그 본질은 변하지 않지만 형태가 자연스럽게 그 지역에 맞춰 변하는 것이다. 오늘날 우리나라의 기독교 속에 유교적인 모습이 배어나오는 것도 이와 비슷한 맥락이다.

전남 여수의 한 교회에 집회를 하러 갔는데 두 어르신이 나누는 대화가 인상적이었다.

"뭐여, 시방?", "아따, 욕 봤소!"

사투리 대화를 듣다가 문득 친할머니 생각이 났다. 어린 시절, 할머니는 꿈에서 천사를 만난 이야기를 내게 자주 해주셨다. 그런데 천사가 충청도 사투리로 할머니에게 말했다고 한다. 지금 생각해보면 하나님께서 참 배려가 깊으셨던 것 같다. 충청도가 고향인 할머니를 위해 친히 충청도 사투리로 말하는 천사를 선발해서 보내주셨으니 말이다.

토착화는 쉽게 말하면 '배려'이다. 하나님의 마음을 그 사람들이 잘 받아들일 수 있도록 배려하는 것이다. 그러면서 '예수님이 중동이 아니라 아시아에, 이스라엘이 아니라 한국에, 나사렛이 아니라 전라남도에 오셨다면 어땠을까' 하고 생각했다. 아마 예수님도 사투리를 쓰셨을 것이다.

"아따, 내가 느그들한테 참말로 말하는겨. 나를 싸게 싸게 믿어보랑께. 그라면 시방 나가 하는 일들을 느그들도 할 수 있는겨. 암, 하고 말고. 지금 나가 하는 일보다도 허벌나게 큰일도 느그들이 다 할 수 있당께. 내는 이제 아부지 품으로 갈거게. 암튼 그런 줄로 알고, 염려 붙들어 매드라고 잉! 알것냐?"(요 14:12 참조).

그런 예수님의 모습을 생각하면서 사투리로 찬양을 만들어보자는 생각이 들었다. 그래서 만든 곡이 〈참말이여〉이다. 모퉁잇돌이 머릿돌이 된 것처럼 촌스러워 보이는 이 찬양이 내게는 많은 분들에게 사역을 알리는 좋은 계기를 마련해주었다.

아따 참말이여, 믿을 수 없었는디
하나님 인간이 되셔 이 땅에 오셨다고
아따 참말이여, 믿을 수 없었는디
하나님 날 위해서 대신 죽어주셨다고

이리저리 사방팔방 둘러봐도
어디가 이쁜 구석 있어서
하나님이 친히 찾아 오셔서 그 목숨을 내준단 말이여

근디 참말이여 성경에 써 있든디
하나님 인간이 되셔 이 땅에 오셨다고
아 글씨 참말이여 성경에 써 있든디
하나님 날 대신해서 대신 죽어주셨다고

-3집 〈The Classic & The best〉 수록

1집 - Incarnation (인카네이션)
2집 - 하나님 멋대로
3집 - The Classic & The Best
4집 - 약장수 구자억

더 낮은 곳, 더 좁은 길로

밖에서 오는 위기보다 더 심각한 건 안에서 발생하는 위기다. 이런저런 권면과 염려 속에서도 나는 트로트 찬양사역을 비교적 잘 감당해왔다. 이 사역을 3년 정도 해오며 사람들에게 점점 알려질 즈음이었다. 그러다가 내게 큰 위기가 찾아왔다. 바로 목사 안수를 받게 된 것이다. 별로 큰 염려를 하지 않고 살았는데, 막상 안수를 받을 때가 되니 이런저런 고민이 되었다.

'트로트찬양 사역을 계속 해야 할까? 기존 목회자의 길을 걸어가야 할까?'

일단 트로트찬양 사역을 그만두기로 결정했다. 주변에서 반대도 심했고, 또 트로트가수로 이미지가 굳어져버리는 게 염려가 되었다. 무엇보다도 여러 교회를 떠돌며 사는 삶이 왠지 모르게 힘겹게 느껴지던 때였다. 나도 정착을 해서 평범한 목회를 하고 싶었다.

3집 음반의 작업이 거의 마무리 될 즈음, 선배 목사님이 나를 찾아와서 앞으로의 내 사역에 대해 조언을 해주며 말했다.

"교단의 분위기도 그렇고, 일단 하나의 이미지로 굳어져버리면 그게 평생 따라다니게 돼. '뽕짝전도사'는 괜찮을지 몰라도 '뽕짝목사'는 아닌 것 같네."

평소 존경하던 선배의 말이라 흘려들을 수가 없었다. 다른 지인들도 안수를 받았으니 기존 목회자의 길을 가는 게 맞다고 했다.

또 찬양 사역을 하며 알게 된 사람들을 통해 좋은 사역지를 소개받기도 했다.

당시 거의 마무리 단계에 있던 3집에 들인 시간과 정성이 아깝다는 생각이 들었지만 나를 진정으로 아껴주는 이들의 조언을 가볍게 여길 수는 없었다. 그래서 음반 작업은 보류하고 평범한 목회자의 길을 가기 위해 모든 준비를 마쳤다.

그리고 2013년 4월 5일에 인천의 숭의감리교회에서 목사 안수를 받게 되었다. 다른 사람들이 안수받는 걸 나름 감동에 젖어 지켜보다가 드디어 내 차례가 되었다. 강대상에 올라가서 안수를 받기 위해 무릎을 꿇었다. 안수를 집례하는 목사님의 목소리가 들렸다.

"이제 그대들은 주님의 종이 되었습니다. 이전에 걷던 길이 좁은 길이라면 더 좁은 길을 찾아가십시오. 이전에 가던 곳이 낮은 곳이라면 더 낮은 곳으로 가십시오."

나는 속으로 생각했다.

'아니, 다른 사람들을 안수할 때는 하지 않은 말씀을 왜 하필 내가 받을 때 하실까? 좁은 길을 걸어서 가는 낮은 곳이라….'

순간 지난 3년 동안 다녔던 많은 곳들이 머릿속에 스쳐갔다. 육체적으로 힘들고 많은 오해와 편견 때문에 돌아서고 싶었던 그 길. 그러나 목사님의 그 말이 도저히 부인할 수 없는, 내게는 하나님의 음성으로 들렸다.

그때부터 나는 시간을 쪼개 전도와 선교를 목적으로 3집 음반을 프로듀싱하기 시작했다. 나름대로는 세상 속에서 울려 퍼지길 원하는 마음으로 전문 트로트 프로듀서를 찾아가 적지 않은 재정을 들여 작업을 했다. 접어두었던 작업을 다시하면서 했던 기도는 단 하나였다.

"하나님, 이 음반은 교회의 울타리 안에서뿐 아니라 밖에서도 울려 퍼지게 해주세요."

2013년에 드디어 3집 음반이 나오고, 나는 트로트찬양을 부르며 이리저리 다니게 되었다. 변한 것은 단 하나였다. 이전에는 뽕짝전도사였다면 이제는 뽕짝목사라는 것!

02

교회의
울타리를 넘다

트로트 오디션에 나가다

2014년 겨울, 강릉에서 열린 한 청소년 집회에 갔다. 다음 세대들에게 꿈과 비전을 가지고 열심히 노력하라고 목에 핏대를 세우며 메시지를 전했다. 그런데 그날따라 이상하게 허탈한 마음이 몰려왔다. 아이들에게는 그렇게 외치면서 정작 나는 내 꿈과 비전을 위해 열심히 노력하고 있는지 자문해봤다.

'전도와 선교를 목적으로 음반은 내놓고, 그것을 위해 난 무얼 하고 있지? 꿈과 비전을 위해 최선을 다하고 있나?'

그렇지 못하고 있다는 생각이 들었다. 그러던 중 한 지인이 트로트 오디션 프로그램의 광고를 내게 보여주었다. 그동안 다른 많은 오디션 프로그램에는 아무 관심이 생기지 않았는데 왠지 모르게 마음이 끌렸다. 그리고 무엇보다 나를 시험대에 올려보고 싶었다. 정말 내 트로트 실력이 어느 정도인지 궁금하기도 했다.

오디션 프로그램에 도전장을 던지고 나니 뜻밖의 여정이 시작되었다. 모든 게 새롭고 즐거웠다. 나름 크고 작은 무대를 많이 경험했지만 수많은 사람들이 한 프로그램을 위해 애쓰고 수고하는 모습이 내게 큰 충격으로 다가왔다.

처음 1차 오디션은 전화 ARS로 참여했다. 그때도 나는 당당하게 트로트찬양을 불렀다. 지금 생각하면 참 용감했던 것 같다. 3집 음반의 첫 곡인 〈너 하나님의 사람아〉를 불렀다. 마태복음에 기록된 예수님의 말씀을 노래로 옮겨놓은 곡이다.

너 하나님의 사람아
내일 일을 염려치 말라
공중의 새들도 먹이시거늘
하물며 너희들 일까보냐

너 하나님의 사람아
장래 일을 근심치 말라
들에 핀 꽃들도 입히시거늘
하물며 너희들 일까보냐

-3집 〈The Classic & The best〉 수록

목사가 오디션에 나가보겠다고 전화기를 붙들고 트로트찬송을

무반주로 부르는 모습이 한편으로는 좀 한심스럽게 느껴졌다. 3집에 실린 노래로 선교를 하는 게 기도 제목이었지만, 찬송가를 불러 오디션에 통과하리라고는 기대하지 않았다.

그런데 1주일이 지나서 문자메시지가 왔다. 1차 오디션에 합격했으니 2차를 보러 오라고! 처음에는 막 웃음이 나오다가 왠지 모를 기대감에 마음이 설렜다.

나는 평소 좋아하던 나훈아 씨의 노래 한 곡과 트로트찬양 한 곡을 준비해 갔다. 그런데 오랫동안 치지 않던 기타를 치며 노래를 하려니 생각만큼 잘되지 않았다.

'서른여덟 살에 오디션이라니, 이게 잘하는 건가?'

이런 생각이 들기도 했다. 2차 오디션장에 들어서니 정말 많은 사람들이 모여 있었다. 끝없이 늘어선 줄을 보면서 '지금이라도 늦지 않으니 돌아갈까' 하는 생각이 들었다. 체육관만 한 넓은 오디션장에 들어가니 정말 많은 사람들이 모여서 목을 풀기도 하고, 노래를 부르기도 했다. 밴드 참가팀은 모여 앉아 호흡을 맞추고 있었다.

오디션을 치러본 사람들은 알겠지만 이때부터 정말 기가 죽는다. 다들 노래를 너무 잘한다는 생각이 들었다. 다른 사람들을 보느라고 나는 정작 연습을 못했다. 방송 촬영팀들이 여기저기로 다니며 연습 장면을 찍는데, 트로트 오디션이라 그런지 볼거리가 많았다.

다들 멋스러워 보이기보다는 재미있어야 통과될 거라고 생각했는지 다양한 소품을 준비해서 자신들을 드러내고 있었다. 어우동

분장을 한 사람, 김정일 국방위원장을 쏙 빼닮은 사람도 있었다. 그러고 보니 그들에 비해 나는 너무나 평범했다. 순간, '아, 나는 여기까지구나'라는 생각이 들었다.

드디어 내 순서가 되어 부스 안으로 들어갔다. 심사위원이 내게 "무엇을 할 줄 아나요"라고 묻는데 머릿속이 하얘졌다. 대충 얼버무리다 준비해간 노래를 불렀다. 밖에서 오랜 기간을 기다렸건만 내게 주어진 시간은 30여 초밖에 되지 않았다.

나는 허탈한 마음을 안고 집으로 돌아왔다. 끼가 넘치고 노래를 잘하는 많은 사람들이 모인 그곳에 내 자리는 없는 듯했다.

'아, 이제 어디 가서 트로트가수라고 말하고 다니지 말아야지.'

그날은 내 자신이 한없이 초라하고 작게 느껴졌다.

기도의 응답

그러고 나서 오디션에 지원했다는 걸 잊고 지냈다. 그런데 2주일쯤 지나서 오디션 담당 작가에게서 전화가 왔다. 3차 오디션을 준비해서 오라고…. 정말 믿기가 어려웠다.

'아니, 그 많은 사람들 중에서 내가 어떻게 합격을 했지?'

이유야 어찌 되었건 내게 주어진 좋은 기회였다. 그래서 평소 알고 지내던 율동을 잘하는 사모님과 집사님에게 급히 연락을 했다.

바로 이들이 〈참말이여〉를 부를 때 안무를 같이했던 '할렐루야 시스터즈'다. 이전에 기독교방송에서 이 곡을 부를 때 같이 했던 기억이 나서 오디션에서도 함께하자고 제안했다.

나는 복음이 잘 전달되려면 문화의 옷을 입어야 한다고 생각했다.

'목사라고 정장이나 가운을 입고 노래하면 사람들에게 어떻게 받아들여질까? 노래와 어울리게 트레이닝복을 입으면 어떨까?'

이왕이면 할렐루야 시스터즈도 함께 입으면 좋겠다고 생각했고, 안무도 이전보다 더 익살스럽게 수정했다. 나름 많은 준비를 하면서도 한편으로는 긴가민가했다.

'과연 100퍼센트 복음적인 가사가 방송에 나올 수 있을까?'

너무도 명시적인 복음이기에 나는 합격을 확신하지 못한 채 3차 오디션을 치렀다. 어떻게 노래를 부르고 방송 녹화를 마쳤는지 전혀 기억이 나지 않았다. 나중에 머릿속에 떠오르는 건 당시 한 번 떨어졌다는 것과 심사위원 중 태진아 씨가 기도를 부탁해서 제작진과 함께 나라를 위해 기도했고(좀 뜬금없긴 하지만), 마지막에 내가 즐겨하던 노가바(노래 가사 바꿔 부르기)를 불러 다시 통과가 된 것뿐이었다.

촬영하면서도 과연 방송이 될지 의심스러웠다. 할렐루야 시스터즈들도 편집이 될 것 같다고 염려했다. 그도 그럴 것이 "하나님 날위해서 대신 죽어주셨다고"라고 소리를 고래고래 지르며 기도까지했으니 방송이 될까 싶었다.

만약 방송이 된다면 당락(當落)과 상관없이 기적이었다. 두고두고 내 삶의 간증거리요, 감사의 제목이 될 것이었다. 기독교 방송이 아닌 일반 방송에 나가서 내가 직접 작사, 작곡한 복음찬송을 불렀다는 게 매우 감격스러웠다.

기대 반 설렘 반으로 일주일 후에 첫 방송을 보았다. TV 화면에 나온 내 모습이 보였다. 녹색 트레이닝복을 입은 한 광대가 어린 시절부터 교회에서 귀에 못이 박히도록 듣던 성육(成肉)과 대속(代贖)의 이야기를 사투리를 섞어가며 노래하고 있었다. 심사위원들은 그의 익살스런 표정과 몸짓, 그리고 노랫말에 모두 박장대소를 했다.

왠지 모르게 마음이 뭉클했다. 나중에 들은 이야기지만 방송을 보며 많은 분들이 눈물을 흘렸다고 했다. 유쾌하고 웃기는 무대를 보고 눈물이 난다니 참 아이러니했다. TV에서 보는 내 모습이 신기하고 대견하면서도 한편으로는 복잡 미묘한 감정이 들었다.

그날은 이런저런 생각을 하며 잠자리에 들었다. 그런데 다음 날 내 휴대폰에 부재중 전화 70여 통과 문자가 100여 통이 넘게 와 있었다. 또 이틀 만에 페이스북(SNS)에 친구 초과(5,000명 제한)가 되었다. 민망하게도 "자고 일어나보니 스타가 되었다"라는 말이 실감났다. 밖에 나가니 나를 알아보는 사람들도 꽤 있었다.

그리고 오디션 프로그램의 시청자 게시판에는 모진 비판과 조롱하는 글도 있었지만 "교회에 안 나간 지 10년이 됐는데 다시 교회

에 대한 기억이 떠올랐다", "불교 신자인데 순간 흔들렸다"는 등의
소감도 올라와 있었다. 나는 내 작은 기도에 응답하신 하나님께 감
사의 기도를 드렸다.

울타리 밖의 사람들

그렇게 2-3주 동안은 거의 정상적인 생활이 불가능할 정도로 많
은 사람들의 관심의 대상이 되었다. 마냥 좋을 줄로만 알았는데 사
실 피곤한 부분이 없지 않았다. 고속도로 휴게소에 들러 우동을 먹
다 사인을 하기도 하고, 지인의 예식장에 갔다가 신랑과 신부보다
내가 더 관심의 대상이 되어 곤란을 겪기도 했다. 하지만 부족한 내
게는 과분한 사랑이었다.

오디션의 여정은 짧지 않았다. 거의 6개월 동안 나는 오디션과
함께했다. 밤을 새기도 하며, 나름 목회 사역도 함께 감당해야 해서
버거울 때가 많았다. 그래도 내게는 모든 게 새로워서 즐겁게 참여
했다. 부족한 실력이었지만 계속 경합을 벌이며 서바이벌 오디션에
서 살아남았고, 다시 한번 준결승에서 직접 만든 찬양을 부를 수 있
는 기회를 얻었다. 그리고 〈뜨겁게 뜨겁게〉로 결승까지 진출했다.

트로트엑스
참말이여 (2013) 구자억
세계 최초 사투리 찬양 곡으로 전도용 노래
도전자 구자억 본인 작사·작곡으로 하나님을 향한 진실한 믿음을 위트 있게 표현
아따 참말이여
믿을 수 없것는디

Mnet 방송 화면

'과연 100퍼센트 복음적인 가사가 방송에 나올 수 있을까?'
만약 방송이 된다면 당락과 상관없이 기적이었다.
두고두고 내 삶의 간증거리요, 감사의 제목이 될 것이었다.

뜨겁게 뜨겁게 뜨겁게

뜨겁게 뜨겁게 뜨겁게

주님 그대 사랑하시네

애타게 애타게 애타게

애타게 애타게 애타게

주님 그대 찾고 계시네

이 사랑은 값없는 사랑

이미 내게 먼저 주신 사랑

세상에 꽃도 시들고 풀도 마르겠지만

이 사랑은 변함이 없어

-3집 〈The Classic & The best〉 수록

    세상을 향해 내가 꼭 전하고픈 말이었다. 처음 곡을 쓸 때부터 이 노래만큼은 세상에 나가 부를 수 있게 해달라고 마음을 다해 하나님께 기도했었다. 이 노래가 제작진과의 협의를 거쳐 준결승곡으로 확정되고서 알게 되었다. 왜 내가 준결승까지 올라오게 되었는지를. 이 노래를 힘껏 부르고 나자 더 이상 바랄 게 없어졌다. 그저 남은 결승 무대를 잘 마무리 짓기만을 바랐다.

결승에서는 찬양을 부를 수가 없었다. 그래서 내가 가장 좋아하는 대중가요인 나훈아 씨의 〈공〉을 불렀다. 노랫말이 참 좋고, 기독교적인 색채가 짙어 평소 애창하던 곡이다. 이 곡으로 3위에 입상하며 오디션의 긴 여정을 마쳤다.

이로써 내 사역을 많은 사람들에게 알릴 수 있었고, 가수협회 정회원으로 등록되는 등 많은 걸 얻었다. 그러나 이 여정이 내게 남긴 가장 큰 선물은 바로 소중한 '경험'이었다.

처음으로 교회 울타리 밖의 많은 사람들을 만났다. 그런데 놀랍게도 교회와 연관이 없는 사람이 드물었다. 어린 시절에 교회에 다녔거나 성탄절이나 부활절에 교회에 가서 예배를 드렸던 사람들이 적지 않았다. 그러다 사람들에게 상처를 받았거나 생활이 바빠지면서 교회를 떠나게 된 사람들이 많았다.

그런데 그들이 목사인 나와 이야기를 나누며 어린 시절에 교회에서의 추억을 떠올렸다. 또 교회라는 공동체에 대해 좋지 않은 시선이 많다는 것도 부정할 수 없었다. 안타깝게도 대부분 언론에 노출된 기사들을 사실로 여기고 있었다. 드러나지 않은 채 세상의 빛과 소금이 되는 목회자와 성도가 수없이 많은데도 말이다.

오디션의 결과를 떠나서 교회 밖의 많은 사람들을 만나고, 우리를 향한 그들의 생각을 들을 수 있었던 게 내게 참 소중한 경험과 자산이 되었다.

밀려드는 공허함

오디션 프로그램을 잘 마무리하고, 다시 제자리로 돌아왔다. 거의 8개월 동안은 밀려들어온 교회집회에 다니느라 정신이 없었다. 교회의 성도들에게서 많은 사랑을 받았으니, 이를 다시 교회에 나누는 게 옳다는 생각이 들어 여러 교회를 다니며 열심히 찬양했다.

가는 교회마다 분에 넘치는 대접을 받았고, 평소 존경하던 어른 목사님을 만나뵙기도 했다. 잠시 내가 무언가를 이룬 듯한 착각이 들 정도였다. 막 출발선에 섰는데 말이다.

넘치는 사랑을 받음에도 여러 곳을 다니느라 체력이 많이 소진됐다. 또 영적으로도 채움이 부족했다. 너무 바빠지는 건 하나님의 뜻이 아니라는 게 절실히 느껴졌다. 내게 주시는 하나님의 비전을 다시 발견하고, 그것에 집중해야 할 시간이 필요했다.

그러던 어느 날, 한 기도원에서 철야집회를 인도해야 하는데 사람들 앞에 서고 싶지 않았다. 청소년 사역을 포함해서 거의 10년 동안 사역을 하며 한 번도 그런 적이 없었다. 처음 느끼는 공허함과 답답함에 나는 마음을 가누지 못했다.

내 안에 영과 육과 정신의 모든 에너지가 다 소진된 듯했다. 양해를 구하고 모든 일정을 연기하거나 취소하고 싶을 정도였다. 하지만 정말 해야만 하는 일이어서 꾹 참고 집회를 이어갔다. 아무 문제 없이 집회를 잘 마친 게 더 큰 문제로 느껴졌다. 그래서 당시 내 일정을 담당해주던 간사에게 말했다.

"이제 외부 일정은 더 이상 받지 않는 게 좋겠어. 무언가 문제가 있는 듯해."

그런데 이미 그해 일정은 물론이고, 다음 해 일정까지 잡혀 있다고 했다. 다행히 미리 이야기를 해서 2015년 사순절 기간에는 외부 일정이 거의 없다고 했다(부득이 미룰 수 없는 세 번의 집회 빼고는). 그래서 그 기간을 포함하여 약 50여 일 동안 개인적인 약속도 피하고 쉼을 갖기로 했다.

그저 내 안에 지친 마음만 부여잡고 한적한 곳으로 피할 생각이었다. 지인들과 교류하던 SNS도 잠시 접어두었다. 그간 나를 괴롭혔던 '바쁨'이 가진 함정을 깨닫는 시간이었다. 내 안에 있던 갈급함이 사라지고, 잠시 숨을 돌릴 수 있는 여유마저 사라진 게 가장 큰 위기라는 걸 깨달았다.

많은 사람들이 말씀과 기도가 이 문제를 해결해준다고 말했다. 그래서 꾸준히 말씀을 보고, 기도했다. 어쩌면 '나는 말씀을 보고 기도하니까'라며 스스로를 안심시키려 했는지도 모른다. 그러나 그것만으로는 충분히 채워지지 않았다. 바로 하나님과의 관계에 문제가 생긴 것이었다. 이 관계가 회복되려면 철저한 쉼과 안식이 필요했다.

여러 번 하나님의 음성이 들렸지만 막상 실행에 옮기는 게 쉽지 않았다. 그러다가 결국 하나님께서 주변 상황들을 통해 나를 광야로 내모셨고 나는 주변과 철저히 차단되었다. 나는 성경통독을 하려는 계획도, 읽어야 할 책 목록도, 특별한 기도 제목도 없이 모든 걸 내려놓고 하나님 앞에 머무는 시간을 갖기로 했다.

처음 일주일은 선배 목사님이 소개해주신 기도원에 갔다. 크게 부르짖어 기도하지도 않고, 말씀을 많이 보려고도 하지 않았다. 그저 쉬었다. 무언가 해야 할 일이 없다는 게 매우 어색했다. 나는 언제나 늘 해야 할 일이 많은 사람이었다. 새롭게 음반도 내야 했고, 함께 일을 해보자는 제안도 많아서 만나야 할 사람도 많았다. 그토록 원하던 콘서트를 기획해주겠다는 기획자도 나타났고, 드디어 때가 된 것 같아 들뜬 날들을 보냈다.

그 모든 걸 취소하고, 휴대폰도 응급 상황이 발생했는지 간간이 확인만 할 뿐 가방에서 되도록 꺼내지 않았다. 처음에는 내가 게을러진 것 같아 한심하게 느껴지기도 했다.

'정말 이렇게 가만히 있어도 될까?'

내가 쉬면 하나님의 일에 지장이 있을 것 같다는 교만한 생각이 들었다. 그러나 곧 깨달았다. 내 부재가 하나님의 사역에는 전혀 지장이 없으며, 내가 아니라도 하나님께서는 그분의 사역을 좋은 사람들과 함께 더 잘하실 수 있다는 걸. 그러자 내게서 힘이 빠져나가는 게 느껴졌다. 이내 그 여유에 익숙해져 꽤 먼 길을 홀로 걷기도 하고, 종일 멍하니 앉아 이런저런 생각을 하며 보내기도 했다.

그래, 괜찮다

안식한 지 5일째 되는 날, 우연히 숙소의 3층 계단의 창문에서 해가 지는 걸 보았다. 예쁜 노을이었다. 그런데 지는 해를 보면서 눈물이 터졌다. 이상한 경험이었다. 누가 나를 울린 것도, 은혜를 준 것도 아니었다. 그저 하늘 아래의 내 인생이 가엽게 느껴졌다. 스스로 짐을 잔뜩 지고 혼자 가는 느낌이랄까…. 내가 한없이 불쌍하고 애처로웠다. 눈물이 마를 때쯤 옆에 어두워져가는 하늘을 바라보며 스스로에게 말했다.

'너… 왜 그러고 사냐?'

원망이나 한탄이 아니라 나 스스로에게 그렇게 애쓸 필요가 없다고, 이미 충분하다고 위로하며 다독이는 말이었다. 내가 참 작고 연약하다는 생각이 들었다. 무언가를 하려던 수많은 마음들이 다 놓아지는 느낌이었다. 내가 기대하는 사건에 대해 하나님께서는 기대감이 없으셨다. 하나님께서 기대하신 건 내가 그분께 기대는 것이었다.

어떤 것도 내 의지와 힘으로 된 게 없이 하나님의 품에 안겨 가면서도 내가 애쓰고 힘써서 가는 것처럼 온몸에 힘을 주고 있는 게 가엾게 보였다. 울다가 끝내 통곡하기에 이르렀다. 갑작스럽게 내가 우는 이유를 알 수 없는 아내가 나를 안아주며 말했다.

"괜찮아, 괜찮아~."

나도 내게 말했다.

'그래, 괜찮다.'

짧은 시간이었지만 하나님께서 그때까지 내게 허락하신 걸 되돌아보는 시간이었다. 내게 허락하신 걸음보다 앞서 걸으려고 애쓰는 내 안의 조바심을 하나님께서 들춰내셨다. 그분이 허락하신 일보다도 더 큰일을 해서 사람들에게 인정받고 싶어 하는 내 교만도 함께.

하나님을 다시 깊게 만나며 나 자신과도 만나는 시간이었다. 거울을 바라보다 갑자기 울음을 터트려보기도 했고, 하나님의 인도하심에 탄복해 홀로 크게 웃어보기도 했다. 쉬는 동안 하나님께서는 내가 가장 몰랐던 나를 보여주셨다. 그건 다른 사람들이 말하는 나, 내가 스스로 생각해왔던 모습이 아니었다.

그리고 하나님께서 나를 쓰시기 원하는 길을 보여주셨다. 쉼을 충분히 누리고 나니 깜깜하기만 했던 일들이 또렷해지고, 질서가 생기고, 좋은 사람들도 만나게 되었다. 나 혼자만의 계획과 능력으로는 도저히 할 수 없는 일들이었다. 하나님께서 이끌어가심을 강하게 느꼈다. 마치 장시간 운전으로 눈이 충혈되고, 다리에 쥐가 나는 상황에서 정말 믿음직한 사람에게 핸들을 맡기고 조수석에서 편히 쉬는 느낌이랄까.

앞으로의 내 사역의 주도권도 하나님께 내어드렸다. 나를 아껴주는 사람들이 안타까운 마음으로 "목사님, 그때 그 기회를 잡았어야 하는데…"라고 했던 말들이 모두 무가치하게 느껴졌다.

크리스천에게 후회란 없다. 조바심도 없다. 하나님께서 그분의 때에 그분의 일을 해나가신다고 믿고 나아가는 게 전부다. 하나님을 온전히 신뢰한다면 조급함을 버리고 쉴 줄도 알아야 한다.

비움과 채움

방송을 마친 몇 개월간 많은 연락에 시달렸다. 정확하게는 사람들에게 시달렸다는 말이 맞을 것이다. 할머니가 병원에 누워 계시니 와서 노래 한번 불러달라는 부탁에서부터 선교 오지에서 집회를 해달라는 문의까지 다양한 자리에 초대되었다. 지금 생각해보면 감사한 일인데, 당시는 이런 연락이 너무 많다보니 일상생활을 할 수가 없었다.

수많은 동년배 혹은 연세가 지긋한 선배 목회자들의 초청을 고사하는 게 힘들어 적지 않은 스트레스를 받았다. 10년간 사용하던 휴대폰 번호도 변경해야 했다. 낙천적인 성격이지만 그때는 정말 견디기가 힘들었다. 하지만 시간이 흘러 생각해보니 지혜롭지 못한 처사였음을 알았다. 모두가 부족한 나를 향한 사랑임을 깨달았다.

이런저런 이유로 많이 지쳐가던 차에 '예수님은 얼마나 힘드셨을까' 하는 생각이 들었다. 성경을 보면 언제나 예수님의 주위에는 자신의 필요를 채우려는 사람들로 넘쳐나서 늘 예수님은 무엇인가를 내어주셔야만 했다. 자신의 병이나 종의 병을 고쳐달라거나, 죽은 오라버니를 살려달라거나, 배고픔을 해결해달라거나, 좋은 가르침을 달라는 등 언제나 그분의 주위에는 필요를 채워달라는 큰 무리가 뒤따랐다.

이런 사람들뿐 아니라 도끼눈을 뜨고 예수님의 일거수일투족을 감시하며 흠을 잡기 위해 난해한 질문을 던지는 사람들도 있었으니 그분의 삶이 어떠셨을까? 최측근이었던 제자들마저도 그분을 제대로 알지 못하고, 자신들이 권력을 거머쥘 거라고 기대하고 있었으니 예수님은 어디에도 마음을 기댈 곳이 없으셨을 것이다.

그런데 이와는 내용이 반대인 성경 본문을 발견했다. 누군가 예수님께 자신의 것을 내어주는 장면이었다. 자신의 필요를 채워달라고 예수님께 나아간 게 아니라 그분의 필요를 채워드리기 위해 나아갔다. 누가복음 7장에 기록된 예수님의 발 앞에 향유를 깨뜨린, 죄 지은 한 여인의 모습이다.

하루는 예수님이 한 바리새인의 집에서 식사를 하고 계셨다. 아마도 이 바리새인 역시 예수님을 좋은 의도로 초청한 건 아닌 듯하다. 당시에는 집에 귀한 손님이 오면 가장 신분이 낮은 종을 시켜 손님의 발을 씻어드리는 게 예의였다. 먼지와 흙이 유난히 많은 지역이기에 그런 풍습이 생겨난 것이리라. 그러나 바리새인인 시몬은 예수님께 이런 예를 갖추지 않았다. 어쩌면 그분에게서 어떤 흠을 잡으려는 좋지 않은 의도로 집에 모신 건지도 모른다.

그런데 느닷없이 한 여인이 그 집에 들어와 자신의 머리털로 예수님의 발을 닦아내고 입을 맞추고 향유를 붓는 게 아닌가! 그분 앞에 채움을 받으러 나아간 게 아니라 그분의 필요를 채워드린 것이다. 당시 여인들에게 향유란 귀한 재산이고 결혼 밑천이었다. 한 방울 한 방울씩 잘 모았다가 결혼할 때 돈으로 바꿔 지참금으로 사용하기도 했다. 어쩌면 그 여인의 전부라고 할 수 있다. 그것을 예수님의 발에 부으니 주위 사람들이 놀랄 수밖에 없었으리라.

그런데 더 큰 문제는 그녀의 신분이었다. 본문에는 '죄를 지은 여자'라고만 나오지만 다수의 성경학자들은 그녀가 창기(娼妓)였을 거라고 추측한다. 그래서 예수님을 초대한 바리새인인 시몬에게 이 여인의 행동이 달가울 리가 없었다. 아마도 '저 분이 선지자라면 이 여인이 누구인지 아실 텐데 가만히 계시다니…' 하며 의아한 눈으로 그 모습을 바라보고 있었을 것이다. 그런 시몬의 마음을 아시고, 예수님은 그 여인을 보시며 말씀하신다.

이 여자를 보느냐 내가 네 집에 들어올 때에 너는 내게 발 씻을 물도 주지 아니하였으되 이 여자는 눈물로 내 발을 적시고 그 머리털로 닦았으며 너는 내게 입 맞추지 아니하였으되 그는 내가 들어올 때로부터 내 발에 입 맞추기를 그치지 아니하였으며 너는 내 머리에 감람유도 붓지 아니하였으되 그는 향유를 내 발에 부었느니라 눅 7:44-46

자신의 가장 귀한 것을 내어드린 여인을 향한 예수님의 말씀이었다. 바리새인 시몬의 집에서 당연히 발을 씻겨드리고 기름을 부어 존귀하게 해드려야 할 분이 그런 대접을 받지 못하시니 자신의 가장 소중한 걸 깨뜨려 존귀하게 해드린 것이다. 성경에서도 참 보기 드문 아름다운 모습이다. 늘 다른 이의 필요를 채우기만 하셨던 예수님은 이 여인을 바라보시며 어떤 생각을 하셨을까?

어느 날, 내게 전화 한 통이 왔다. 몇 년 전에 한 시골교회의 집회에 갔다가 만난 분이었다. 교회에 숙소가 없어 이 집사님 댁에서 하루를 묵으며 이야기를 나누고, 전화번호를 주고받았다. 이 분은 서울살이가 싫어서 귀농을 했다고 내게 말했다.

방송 이후 하루에 열 통 가까이 집회 문의만 받던 차라 오랫동안 연락이 뜸하던 분에게서 전화를 받으니 으레 집회 문의일 거라고 생각했다. 그런데 내게 다른 말을 했다.

"목사님이 되신 걸 축하드립니다. 어제야 방송에 출연하신 걸 인터넷으로 봤습니다. 그렇게 신나게 춤추다보면 힘드실 거 같아 기력보충하시라고 좀 보내드릴 게 있어서요."

이틀이 지나 택배를 받았다. 감자와 고구마와 마늘과 매실이 가득 들어 있었다. 마치 시골에 계신 조부모님이 보내주신 것처럼 소담하게 쌓여 있는 모습에 마음이 훈훈했다. '사랑'이 내 안에 채워짐을 느꼈다.

사역을 하며 "목사님, 사역을 위해 기도하겠습니다"라는 말은 많이 들었다. 하지만 직접 가꾼 것들을 땅에서 캐내어 잘 포장하여 우체국에서 송장에 내 이름과 주소를 적어 보내준 그 수고를 생각하니 더 큰 감동이 일었다.

이 외에도 부족한 나를 향한 사랑이 너무 크다. 다 말하자면 지면이 부족할 정도로 큰 사랑을 내 안에 채우며 살아간다. 때로는 지치고 힘들지만 사랑의 흔적과 기억들이 다시금 힘을 내게 하고, 내게 소망의 끈을 놓지 않게 해준다.

아마 예수님도 그러셨을 것이다. 내 필요를 채워달라고 아우성치던 사람들 속에서 그분의 발 앞에 엎드려 자신의 모든 걸 내어드린 그 여인의 모습과 향유의 향기가 지치고 힘드실 때면 생각나지 않으셨을까! 채움과 비움에 대해서 많은 이야기를 한다. 이는 단순히 말씀과 기도만이 아니다. 내 안에 사랑이 채워질 때, 우리는 그 사랑을 또 다른 이들에게 흘려보낼 수 있다. 사랑은 채움이다. 아니, 방향이 틀렸다. 사랑은 '채워드림'이다.

베드로가 이르되 주여 그럴 수 없나이다

속되고 깨끗하지 아니한 것을 내가 결코 먹지 아니하였나이다

한대 또 두번째 소리가 있으되 하나님께서 깨끗하게 하신 것을

네가 속되다 하지 말라 하더라 (행 10:14,15)

Part
2

네가
속되다
하지 말라

03

내가
춤추는 이유

졸음 쉼터의 춤의 제사

강원도 영월에 집회를 다녀오던 때의 일이다. 평소에도 자주 흥얼흥얼 노래를 부르곤 하는데, 그날따라 이상하게 구원의 기쁨을 노래하고 있었다. 그러다가 좋은 노래가 써지기도 해서 나는 콧노래를 섞어가면서 찬양했다.

얼쑤 좋다 지화자 좋다 주님 나를 살리셨네
얼쑤 좋다 지화자 좋다 주님 나를 살리셨네
이 세상에 죄로 죽을 불쌍한 삶이었는데
우리 주님 나의 주님이 나를 살려주시었네
얼쑤 좋다 지화자 좋다

-3집 〈The Classic & The best〉 수록

차 안에서 노랫말을 흥얼거리는데, 마음이 복받쳐 오르기 시작했

다. 정말 죄로 죽을 불쌍한 삶, 아무것도 아닌 인생인 나를 살리시려 예수님이 대신 죽어주셨다는 감동과 기쁨이 속에서 넘실대기 시작했다. 직접 운전을 하면서 다니던 때였는데, 도저히 마음을 추스릴 수가 없었다. 그 기쁨과 감사함이 내 안에서 폭발할 지경이었다.

나는 고속도로의 졸음 쉼터에 차를 잠시 주차했다. 그리고 한적한 곳에 숨어 들어가서 춤추기 시작했다. 제대로 된 춤이라기보다는 몸부림에 가까웠다. 지금은 누가 큰돈을 주며 하라고 해도 못할 것 같은데, 그때는 그렇게 하지 않고서는 못 견딜 것 같았다.

"얼쑤 좋다, 지화자 좋다! 주님이 나를 자녀삼아 주셨네~."

한 30분쯤 춤을 추고 나니 온몸이 땀으로 흥건했다. 정말 헐떡거리며 정신없이 춤을 추었다. 누가 볼까 하는 염려나 걱정도 없이 그저 하나님의 은혜에 감사해서 뛰고 또 뛰었다. 그 은혜가 내 안에서 충만해짐을 느꼈다. 피곤도 물러가고 머리가 맑아졌다. 그때 이런 생각이 들었다.

'지금 내가 전심으로 예배했구나!'

법궤를 맞이할 때 춤을 췄던 다윗의 마음이 이해가 갔다. 복받쳐 오르는 기쁨, 그가 다스리는 모든 백성들이 지켜보는 가운데 뛰어 내려가 덩실덩실 춤추던 그 마음이…. 정말 이 기쁨을 다 같이 나누고 싶었다. 혼자 누리기에는 감당할 수 없는 큰 기쁨이었다. 춤추며 다 같이 찬양하면 좋을 것 같았다. 내 어머니와 아버지도, 교회 성도들도 같이 춤의 제사를 통해 얻을 수 있는 기쁨을 누렸으면 좋겠다는 생각이 들었다.

춤은 성경적이다. 출애굽을 하던 이스라엘 백성들은 홍해를 건넜다는 기쁨으로 춤추며 여호와를 찬양했다.

아론의 누이 선지자 미리암이 손에 소고를 잡으매 모든 여인도 그를 따라 나오며 소고를 잡고 춤추니 미리암이 그들에게 화답하여 이르되 너희는 여호와를 찬송하라 그는 높고 영화로우심이요 말과 그 탄 자를 바다에 던지셨음이로다 하였더라 출 15:20,21

한국교회가 반드시 회복했으면 하는 게 바로 이 '춤의 제사'다. 이스라엘 백성들은 홍해를 건넜다고 신나서 기뻐 춤추며 찬양했는데, 보혈의 강을 건넌 우리는 더하면 더했지 이보다 덜해서는 안 된다고 생각한다.

졸음 쉼터에서의 춤 사건 이후부터 하나님께서 내게 주신 사명은 주님의 몸 된 교회들을 다니며 먼저 손에 소고를 잡는 사람이 되라는 것이었다. 이스라엘 백성들도 먼저 총대를 메는 사람이 없으니 서로 눈치를 보지 않았을까? 미리암이 먼저 손에 소고를 잡고 춤을 추니 그제야 거리낌 없이 춤추며 찬양한 게 아닐까?

어느 가을, 고속도로의 졸음 쉼터에서 춘 30분의 춤의 제사, 비록 성전에서 드려진 건 아니었지만 난 분명히 믿는다. 성령님은 그 자리에 나와 함께 계셨고, 내 춤의 제사를 기쁘게 흠향하셨다는 걸. 혹 나와 함께 덩실덩실 춤추지 않으셨을까!

난 내 사명이 모세나 엘리야 같은 선지자가 되는 거라고 생각하지 않는다. 내 사명은 '미리암'이 되는 것이다. 먼저 소고를 잡고 춤추는 사람, 교회 안의 '엄숙주의'라는 보이지 않는 무거운 분위기를 깨고, 강대상에 뛰어 올라가 신나게 춤추는 사람, 그래서 구원의 기쁨을 사람들에게 다시금 상기시키고 모두 함께 춤추도록 하는 사람 말이다.

장의자 댄스, 돌리고 댄스

졸음 쉼터에서의 춤의 제사 사건 이후로 나는 교회에 집회를 가면 꼭 함께 춤추며 찬양하자고 했다. 그런데 문제가 생겼다. 성도들이 춤을 추지 않겠다고 했다. 오랜 시간 엄숙하게 예배를 드려온 공간에서 춤춘다는 게 어색했나보다.

내게는 큰 문제가 아닐 수 없었다. 교회의 중장년층 성도들을 찾아다니며 신나게 춤추며 찬양하도록 하는 미리암의 사명을 감당해야 하는데, 도무지 그들이 뻣뻣하게 움직이지를 않으니…. 오랜 시간 기도하고 고민하던 중에 하나님께서 내게 이런 마음을 주셨다.

'한국 백성과 이스라엘 백성은 다르다!'

춤에 관한 한 한국 백성들만의 특징이 있는데 '시동'을 걸어주어야 움직인다는 것이다.

'사람들이 경운기도 아니고 어떻게 시동을 걸지?'

고민을 하다가 영감을 받은 게 바로 '장의자 댄스'다. 이 댄스를 교회에서 출 때마다 나는 확신한다. 내가 떠올린 게 아니라 하나님께서 주신 것임을.

교회마다 장의자가 놓여 있다. 그래서 춤추기가 쉽지 않다. 춤은 스텝이 기본인데, 장의자에 막혀 스텝을 밟을 수가 없었다. 사실 하나님께 따지고 싶은 마음도 있었다.

'아니, 춤의 제사를 회복하라는 미리암의 사명을 주셨으면서 이스라엘 백성은 홍해를 건너 드넓은 강가에서 춤추게 하시고, 한국 백성들은 장의자에 가로막혀 제대로 춤을 못 추게 하시다니!'

그런 내 마음에 하나님의 음성이 들리는 듯했다.

'낙심하지 마라. 옆으로 스텝은 가능하지 않느냐?'

'아, 그렇구나!'

그래서 나는 집회 후반부에는 트로트찬송가 메들리를 성도들과 함께 부르며 장의자에서 일어나 옆으로 스텝을 밟으며 춤추라고 말한다. 춤을 추다가 감동이 되는 사람들은 옆 통로로 나와서 춤추고, 그러다 기쁨을 주체하지 못하는 이들은 앞으로 뛰어나와 신나게 스텝을 밟는다. 이때가 아니면 언제 본당에서 스텝을 한번 밟아보랴!

나는 앞으로 뛰어나온 사람들에게는 그 열정에 감동하여 선물을 한다. 내가 손을 잡고 한 번 돌려드리는 것이다. 이 부분은 오해의 소지가 있을 것 같아 설명을 좀 하겠다.

한 장로님의 간곡한 부탁에 못 이겨 그 분의 잔치에 가서 노래를 부른 적이 있다. 원래 잔칫집에는 가지 않는데 내가 노래를 하지 않으면 잔치를 취소한다고 해서 못 이기는 척 승낙을 했다. 〈청춘을 돌려다오〉 등 옛 노래 몇 곡을 부르고 왔는데, 아직도 그때를 생각하면 얼굴이 화끈거린다.

나는 진짜 잔치의 모습을 처음 보았다. 우리나라의 잔치 문화가 그런 줄 잘 몰랐다. 기독교 집안에서 자란 내게 잔치란 예배와 다를 바가 없는 것이었는데, 실제 잔치는 참 흥겹고 소란스러웠다. 아주머니들이 자꾸 내 손을 잡고 돌리기에 영문도 모르고 몇 번 돌리다보니 재미도 있었다. 그런데 나중에 알고보니 성인들이 모여 춤추는 곳에서 그렇게 잡고 돌린다고 동행했던 후배 전도사가 난색을 표하며 말했다.

이후에 서울 홍제동에 있는 한 교회에서 집회를 하는데, 찬송가 메들리를 부를 때 분위기가 많이 뜨거워졌다. 한 권사님이 나오더니 앞에 장로님으로 보이는 연로한 분의 손을 잡고 돌리며 춤을 추시는 게 아닌가! 서로 잡고 돌리다보니 여기저기서 다들 잡고 돌렸다. 나중에는 '내가 잘못 온 게 아닌가' 싶을 정도로 걱정이 되었다.

다행히 집회를 은혜롭게 마친 후 담임목사님을 뵙는 자리에서 내가 조심스럽게 말했다.

"목사님, 죄송합니다. 저는 성도님들이 이 정도까지 하시리라고는 생각하지 못했어요."

그런데 목사님의 한마디 말씀이 내 마음의 부담을 단번에 사라지게 했다.

"에이, 뭐 어때요. 잡고 돌리는 걸 이상한 데 가서 애먼 사람들과 하느니 교회에서 형제자매들과 하는 게 낫죠. 하나님이 보시기에도 얼마나 이쁘시겠어요?"

'아, 그렇구나. 아직도 내게 편견이 많구나. 잡고 돌리는 걸 꼭 나쁘게만 볼 게 아니구나. 그 행위 자체가 나쁜 게 아닌데…. 예수님이 보시기에는 귀엽고 예쁘셨겠지?'

그래서 요즘은 아예 춤추기 전에 미리 말한다. 잡고 돌리시라고. 이상한 데 가서 애먼 사람들과 그러지 말고 지금 여기서 형제자매들과 하라고 말이다.

나는 교회의 찬양집회에 가서 성도들과 함께 신나게 춤춘다. 춤의 제사를 드린다. 많은 성도들이 속이 시원하고, 체중이 내려가고, 스트레스가 풀린다고 말하는데 정작 내 기쁨은 다른 데 있다.

'하나님께서 이 춤의 제사를 흠향하고 계시겠지? 머리가 하얗게 센 장로님과 권사님들이 아이처럼 신나게 춤추는 모습은 내가 봐도 좋은데, 그분이 보시면 얼마나 좋으실까?'

그리고 집회를 마치면 그 자리에서 기도를 드린다.

'하나님께서 이 춤의 제사를 흠향하고 계시겠지?
머리가 하얗게 센 장로님과 권사님들이 아이처럼 신나게 춤추는 모습은
내가 봐도 이렇게 좋은데, 그분이 보시면 얼마나 좋으실까?'

'하나님, 좋으셨죠? 에이~ 좋으시면 좋다고 말씀을 좀 해주세요. 그렇게 웃고 계시지만 말고요!'

춤추는 다윗

집회에 가면 함께 춤추며 찬양하기 전에 사무엘하 6장 21절과 22절 말씀을 전한다. 이 말씀은 언약궤 앞에서 춤을 춘 다윗이 자신을 힐난하는 미갈 앞에서 한 말이다. 이 말씀은 내가 처음 트로트로찬양 사역을 할 때 부딪쳤던 많은 반대를 이겨내는 데 힘이 되어주었다.

언약궤가 들어올 때 다윗은 신나게 춤추었다. 이를 멀리서 지켜보던 미갈은 그의 행동을 업신여긴다. "방탕한 자가 염치없이 자신의 몸을 드러내는 것과 같았다"(20절)라고 말했다. 이는 한 나라의 왕이 체통을 지키지 않고 춤추는 모양새가 꼴사나웠다는 것이다. 법궤가 무엇이기에 다윗은 그리도 신나게 춤추었을까? 도대체 이 법궤를 맞이한 날이 어떤 날이기에.

성경에서는 법궤를 "그룹들 사이에 좌정하신 만군의 여호와의 이름으로 불리는 것"(삼하 6:2)이라고 묘사한다. 언약의 두 돌비를 보관했다는 언약궤에 대한 이스라엘 백성들의 애정은 남달랐다. 그들에게 법궤는 하나님의 임재를 상징하는 것이라고 봐도 무방했다.

이러한 그들의 믿음은 블레셋과의 전쟁에서 패하고 난 뒤 이스라엘 장로들이 하나님의 언약궤를 실로에서 가져다가 자신들 중에 있게 하면 승리할 거라고 말하는 본문에 잘 드러난다(삼상 4:3). 하나님의 임재를 상징하는 그것을 자신들이 갖고 있으면 하나님께서 자신들을 전쟁에서 승리하게 하실 거라는 믿음이었다.

사무엘상 4장에 그려진 엘리 집안의 모습에서도 이런 법궤를 향한 애정을 발견할 수 있다. 전쟁 중에 법궤를 빼앗겼다는 소식을 전해들은 그의 집안은 비통에 잠긴다. 제사장 엘리는 소식을 전해 듣고 비대한 몸을 가누지 못해 의자에서 넘어져 목이 부러져 죽고, 그의 며느리이며 비느하스의 아내 역시도 해산하며 죽어간다. 그녀는 죽어가며 "영광이 이스라엘에게서 떠났다"라고 한다(16-22절). 법궤를 빼앗긴 이스라엘에는 더 이상 영광은 없다. 이처럼 언약궤란 "하나님이 함께하신다"라는 큰 의미를 가진다.

다윗이 정권을 잡고 난 후 시온 산성을 빼앗고, 이를 '다윗성'이라 칭했다. 그리고 터전을 잡고 왕궁을 건축하기 시작했다. 블레셋과의 전쟁에서 대승한 그는 이스라엘의 3만 용사를 뽑아 당시 바알레유다에 있는 하나님의 언약궤를 다윗성으로 가져올 계획을 세웠다. 그런데 이 과정이 쉽지 않았다. 소들이 뛰는 바람에 이 궤에 손을 댄 사람이 죽어 나가기도 했고, 가드 사람인 오벧에돔의 집에 모셔둔 채 석 달을 기다려야 했다. 다윗의 속이 얼마나 타들어 갔을까!

드디어 그날이 되었다. 다윗과 온 이스라엘 족속이 즐거이 환호하며 나팔을 불며 성대한 환영 행사 속에 여호와의 궤를 맞이했다. 이 와중에 다윗이 춤을 춘 것이었다. 아마도 비할 바는 아니지만 이스라엘 백성들과 다윗은 하나님을 자신들의 성 안에 맞이한다는 감동에 젖었을지도 모른다. 그런 상황에서 덩실덩실 춤추지 않는 게 더 이상하다.

다윗은 힘을 다해 춤을 추었다(삼하 6:14). 한 나라의 왕이 자신이 앉아 있던 보좌를 내팽개치고 내려와서 법궤를 맞이하던 백성들 사이에 섞여 힘을 다해 전심으로 춤을 춘다. 참 아름답지 않은가!

예배는 이런 것이다. 힘을 다해 하나님의 임재를 맞이하는 것. 때로 예배를 드릴 때마다 안타까운 것 중에 하나는 전심(全心)은 있으나 전력(全力)이 없다는 것이다. 어버이날에 받기 싫은 선물이 무엇인지 어르신들을 대상으로 설문 조사를 했다고 한다. 1위가 바로 '마음의 선물'이었다. 마음만 있는 선물, 마음만 있는 예배. 예배에는 전심뿐 아니라 힘이 들어가야 한다고 생각한다.

구약의 제사는 마음도 마음이지만 힘이 들어가고 피가 들어 있는 통전적인 예배였다. 흠 없는 제물을 고르는 것부터 마음을 드려야 하는 일이고, 산 제물을 이고 가서 제단에 올려놓는 데 힘이 들고, 그 제물의 피를 쏟아내어 태워 바치는 희생이 있는 제사였다. 이렇게 '마음'과 '힘'과 '피'가 있어야 하는데, 요즘 예배는 그저 마음만 있는 예배가 된 것 같아 못내 아쉬울 때가 많다.

주님의 몸 된 교회에서 예배를 인도하는 이들이 혹시 이 글을 본다면 처음에는 어렵고 어색하겠지만 예배 가운데 춤이 회복될 수 있도록 노력해주기를 간곡히 부탁하고 싶다. 모든 예배가 어렵다면 한 달에 한 번이라도. 모두들 쑥스러워 춤을 추지 않을 거라고 생각하는데 그렇지 않다. 의외로 많은 성도들이 이런 시간을 즐거워하고 좋아할 것이다. 어떻게 확신하느냐고? 내가 경험했으니까!

일어나 잡아 먹어라

2015년 1월, 추운 겨울날이었다. 한 지인의 소개로 장터에서 노래를 부르게 되었다. 정말 가고 싶지 않았는데 억지로 가게 되었다. 그다지 원치 않던 자리라 시큰둥해 있다가 장터 한복판에서 트로트를 불렀다. 뭐든지 막상 하면 열심히 하는 타입이라 평소 교회 전도집회에 가면 부르려고 했던 〈이거 왜 이래〉를 불렀다.

이거 왜 이래 이거 왜 이래
왕년엔 나도 어마어마했었어
돈이 뭔지 사랑이 뭔지 울고 웃다보니
잠시 잠깐 약해진 것 뿐이야

이거 왜 이래 이거 왜 이래

왕년엔 나도 어마어마했었어

세상의 모진풍파 견뎌내다보니

잠시 잠깐 움츠러든 것뿐이야

인생살이 모르는 거야

꾹 참고 살아가다보면

언젠가 오고야 말리라 찬란한 나의 봄날이

-4집 〈약장수 구자역〉 수록

그리고 앙코르 곡으로 〈울고 넘는 박달재〉와 〈고향무정〉 등 경로대학에 가면 부르는 노래들을 불렀다. 중간에 장사하는 아주머니들의 손도 잡고 돌려드리며 함께 춤췄다. 모든 순서를 마쳤는데 50대로 보이는 한 아주머니가 눈시울을 붉히며 내 손을 놓지 않고 말했다.

"재작년부터 장사가 안 되서 여기저기서 돈을 빌리고 자식들의 돈까지 가져다 썼어요. 그리고 이제는 죽는 일만 남았다고 생각하면서 언제 죽을까 날만 고르고 있었는데, 노래를 듣고 나니 마음이 좀 나아지네요. 감사해요. 마음의 체중이 확 내려가는 거 같아요."

그때 나는 느꼈다.

'이 각박한 세상 속에 사람들이 다들 마음에 병이 났구나. 그런데

내 노래가 그 병을 고쳐줄 수도 있겠구나.'

또한 하나님께서 말씀을 통해 한번 더 나를 밖으로 내모셨다. 2년간 섬기던 군부대 사역의 고별 설교를 준비하던 차에 사도행전 10장 말씀을 다시 보게 하셨다.

일어나 잡아 먹어라 행 10:13

베드로를 향한 하나님의 말씀이었다. 유대인의 율법에서는 각종 네 발 가진 짐승과 기는 것과 공중에 나는 것들은 절대 먹어서는 안 될 것으로 금기하고 있다. 그런데 하나님께서 먹으라고 하셨고 베드로는 이를 거부했다.

아마도 그는 엄청난 충격에 휩싸였을 것이다. 자신이 그간 살아왔던 율법의 틀을 하나님이 뒤흔드셨으니까. 어쩌면 우리에게 지금 뱀을 산 채로 뜯어먹으라는 것보다도 더 혼란스러웠을지 모른다.

'하나님께서 율법으로 먹지 말라고 정하신 것들이 아닌가!'

레위기 11장과 신명기 14장에 유대인의 율법에 금지된 동물들이 나온다. 약대, 사반, 토끼, 새김질을 하되 굽이 갈라지지 않은 것(돼지는 굽이 갈라져 있지만 새김질을 안 함), 조류 중에 독수리, 솔개, 매, 까마귀, 타조, 도마뱀 같은 땅에 기는 것들. 하나님께서 이 모든 '부정한 것의 종합 선물세트'를 베드로에게 세 번이나 보여주며 잡아먹으라고 하셨다.

"주님, 그럴 수 없습니다. 저는 속되고 깨끗지 않은 것은 한 번도 먹어본 적이 없습니다"(행 10:14, 현대인의 성경).

그의 대답에는 '나는 율법을 지키며 살아온 유대인'이라는 자부심이 들어 있다. 이에 대해 하나님께서 말씀하신다.

내가 깨끗하게 한 것을 네가 속되다 하지 말라 _{행 10:15}

율법은 이스라엘 백성들로 하여금 그들이 '하나님의 백성'이라는 걸 상기시켜주고, 하나님과 이스라엘을 언약으로 묶어주기 위해 주신 선물이자 하나의 고삐다. 그러나 베드로는 고삐를 쥐고 있는 분보다 그 고삐에 더 연연했다. 본질은 변하지 않지만 시대를 따라 하나님과 믿음의 백성들 사이의 언약(율법)의 형태는 달라질 수 있다.

베드로의 이 깨어짐 이후에 하나님은 베드로를 고넬료라는 신실한 이방인과 만나게 하신다. 그로 인해 이방인들을 향한 복음의 새로운 지평이 열렸다. 그것은 신대륙을 발견한 것과 같았다. 지금 우리가 우주를 생각하듯이 새로운 우주가 열린 것이다. 당시 유대인이라는 틀을 넘어서 이방인들에게 복음이 전해지게 된 것이 이와 같다. 율법을 주신 분이 하나님이신데 그것에 매여서 그분의 뜻을 모르던 베드로의 모습이 바로 내 모습이었다.

우리는 본능적으로 깨어짐을 싫어한다. 그런데 우리 안에 갇힌 샘물은 우리가 깨지지 않으면 흘러나갈 수가 없다. 우리가 당연하게 여기는 것들을 깨뜨리는 연습을 해야 한다. 그것도 단 한 번의 사건이 아니라 계속해서! 내게 있어서 트로트도 마찬가지다. 하지만 그것은 그저 하나의 주제일 뿐이다. 내 신앙생활 전체에 끊임없이 계속되어야 한다.

내 안의 고르반

처음부터 대중 트로트가수로 데뷔할 마음은 없었다. 앞서 말했듯 목회자의 신분 때문에 많은 고민과 갈등을 했다. 그런데 갈 바를 분명히 알면서도 교회의 울타리를 과감하게 뛰쳐나오지 못한 내게 분명한 신호가 찾아왔다.

2015년 2월 초부터 50여 일의 쉼을 마치고, 나는 다시 사역의 현장으로 돌아왔다. 이전에 약속된 일정대로 부활주일부터 찬양집회를 인도했다. 앞날에 대해서는 하나님께 맡겨드리고 기도하던 중에 트로트찬양 사역에 있어 전환점이 된 사건이 일어났다.

사실 돌아보면 교회 사역은 내게 넓은 길에 속했다. 방송에 나가고 난 후에는 더 그랬다. 많은 사람들이 알아봐주고, 강단에 서기 전부터 "아따, 참말이여" 하면서 환한 미소와 함께 열린 마음으로 반겨주니 집회를 이어가기가 수월했다.

그러던 중에 지인의 요청으로 불신자가 대다수인 곳에 초청을 받았다. 지역 어르신들을 초청한 자리였는데, 너무나 산만하여 집회를 마칠 때쯤에는 내 안에서 불평이 올라왔다.

'어떻게 이리 소란하고 모두에게 좋을 게 없는 집회를 하자고 했을까?'

춤추던 어르신들이 내 머리나 엉덩이를 툭툭 쳐서 마음이 상했다. 그뿐 아니라 장소가 시장통이다보니 노래하는 바로 옆에서 전을 부치기도 하고, 옷을 들고 사이즈가 작다 크다 하면서 사람들이 돌아다니는데 '이건 참 아니다' 싶었다.

마치고 나니 스트레스를 받아 온몸에 두드러기가 날 정도였다. 그런 자리에서조차 복음을 전할 수 있게 해준 사람들에게 감사해야 하는데 그때는 그런 생각이 전혀 들지 않았다. 죽을 만큼 매를 맞고도 다시 일어나 복음을 전했던 바울을 생각하며 나는 한참 멀었다고 생각했다.

그 후유증이 커서 이후로는 공교회의 집회만 섬기겠다고 더 분명하게 선을 그었다. 그것이 내가 목회자로서의 정체성을 지킬 수 있는 안전장치라고 생각했다. 그렇게 설명을 하고 나니 주변 사람들도 모두 고개를 끄덕이며 잘한 결정이라고 말해주었다. 그러나 이것이 얼마나 잘못된 생각인지 깨닫는 데는 그리 오랜 시간이 걸리지 않았다.

하루는 독거노인들을 돌보는 관리사에게서 전화가 왔다. 꽤 오래전에 지인의 소개로 그 분들이 모인 곳에 간 적이 있었다. 박스와 폐지를 주워서 생활하고, 연탄불도 떼기 힘들어 끓인 물을 통에 넣어 그것을 껴안고 자는 노인들이 있다는 말에 마음이 아파 찾아가서 노래를 불러드렸다.

그런데 그 자리에 오셨던 한 할머니가 나를 기억하고 계속 찾는다고 했다. 관리사의 말로는 하루가 멀다 하고 "그 목사가수 양반은 언제 또 와요"라고 묻는다고 했다. 물론 그 분들은 교인이 아니었다.

그 말을 듣고 나는 "요즘은 이런저런 이유로 교회집회만 섬기고 있습니다"라고 초청을 정중히 사양했다. 그는 많이 아쉬워하며 알겠다고 하면서 전화를 끊었다. 그런데 목사가수는 언제 오냐는 그 말이 새벽에 기도할 때마다 계속 생각이 났다. 얼굴도 모르고 직접 들은 말도 아닌데 일주일 내내 귓가에 쟁쟁했다. 그러던 어느 날, 새벽예배 때 이 말씀이 눈에 들어왔다.

너희 생각에는 어떠하냐 만일 어떤 사람이 양 백 마리가 있는데 그 중의 하나가 길을 잃었으면 그 아흔아홉 마리를 산에 두고 가서 길 잃은 양을 찾지 않겠느냐 마 18:12

마치 예수님이 오셔서 내 옆에 앉아 친구처럼 말씀하시는 듯했다. '자억아, 네 생각은 어떠냐? 네게 백 마리 양이 있었는데 한 마리가 없어진 거야. 우리 안에 딱 한 마리가 없어. 걱정이 되겠지? 이 양이 어디서 길을 잃었는지, 사나운 짐승을 만나지는 않았는지 안쓰럽기도 하고 그렇겠지? 그럼 지금 당장 뛰쳐나가서 그 양을 찾을까, 아니면 찾지 않을까? 당연히 찾겠지. 그게 내 마음이고 목자의 마음인 거야.'

갑자기 마음 한편이 저미며 눈물이 왈칵 나왔다.

'나는 아버지의 마음, 목자의 마음이 되려면 한참 멀었구나.'

이 말씀대로라면 99마리의 '찾은 양'이 있는 교회보다는 1마리의 '잃은 양'이 있는 데 가서 복음을 전해야 하는 게 맞다. 그런데 찾은 양들 앞에 가는 게 더 익숙하고 편하다고 그곳에만 가겠다고 다짐했던 내 안의 악한 마음을 하나님께서 들춰내셨다. 한 할머니의 한마디 애타는 물음을 통해서.

"그 목사가수 양반은 언제 또 와요?"

마가복음 7장 11절에 보면 손을 씻지 않고 음식을 먹는 제자들을 흠잡는 바리새인과 서기관들을 훈계하는 예수님의 모습이 나온다. 손을 씻지 않고 음식을 먹는 건 장로들이 유전(遺傳)으로 금한 일이었다. 유전은 율법은 아니지만 율법이 미처 정해놓지 못한 부분들에 대해 유대 장로들이 해석한 것이다. 법이 그대로 적용되기 어려운 상황에 대해 판례가 근거가 되는 것처럼 유대인들은 이것을 율법처럼 지키며 살아갔다. 바리새인과 서기관들이 제자들이 이를 지키지 않는다며 예수님께 따지고 들었다.

그때 예수님이 바리새인과 서기관들에게 훈계하면서 비유로 말씀하신 게 "고르반"(corban)이다. 원래의 뜻은 "하나님께 바쳐진 제물"이다. 그런데 당시 몇몇 사람들은 이것을 악용했다. 자녀 된 도리로서 연로하신 부모를 당연히 모셔야 함에도, 자신들은 주께 모두 바쳐서 재물이 없다며 부모를 외면했다(바리새인들이 중시한 유전에는 고르반이라고 맹세한 경우에 그것이 부모 부양에 필요한 거라도 취소를 인정하지 않았다). 예수님은 그런 이들에게 따끔하게 한마디를 하신다.

"너희가 하나님의 계명은 버리고 사람의 전통을 지키느니라"(8절).

내 모습이 이와 다를 바가 없었다. 좀 더 편하고 넓은 길을 가기 위해 목회자라는 신분과 하나님을 이용한 거였다. 더 알아주고 더 대접받는 자리에 가기 위해 '주의 종'이라는 이름을 사용했음을 깊이 회개했다. 모두가 알듯이 회개는 후회가 아니라 다시 방향을 잡는 것이다. 그래서 교회의 울타리를 넘어 낯선 곳으로 나가기로 했다. 하란을 떠나 가나안으로.

나는 뽕짝을 통해 사회적, 문화적으로 소외된 사람들을 찾아가 만나는 일을 하기로 마음먹었다. 예수님이라면 그렇게 하셨을 것 같다는 생각이 그 이유다. 이후부터 독거어르신을 찾아가 만나는 일을 준비했다. 국악을 하는 친구, 어르신들을 대상으로 레크리에이션(recreation)을 하는 친구와 함께 '뽕짝유랑단'을 결성했다. 나

홀로 노래할 때보다 더 풍성한 즐거움을 선사하기 위해서.

이들과 함께 소외된 사람들을 찾아 돌아다니며 두 개의 '음'을 전하기로 했다. 바로 '웃음'과 '복음'이다. 이런 분들을 찾아 이곳저곳을 다니며 노래하고 이야기를 나누면 나눌수록 목자의 마음이 이해가 되었다.

'나는 트로트로 찬양을 부를 정도로 많이 깨어진 사역자'라는 내 생각은 큰 교만이었다. 깨어짐은 한도 끝도 없어야 한다. 창조주가 인간의 몸을 입고 이 땅에 오셨으니 깨어질 만큼 깨어지신 게 아닐까? 그러나 그 깨어짐은 십자가까지 가서야 했다.

끊임없이 찾아내야 한다. 찾아보면 끝없이 나온다. 내가 깨어지기 싫어 하나님의 뜻인 척 가장하여 그분의 마음을 저버리는 모습, 내 안에 들춰지지 않은 고르반이.

각설이로 사는 이유

이십 대 후반에 인천에 있는 한 교회에서 전도사로 사역했는데, 한 권사님이 명절 때만 되면 와이셔츠와 넥타이를 번갈아가면서 선물해주셨다. 감사했지만 처음에는 받기가 민망하고 죄송했다. 그런데 2년쯤 지나자 선물을 주지 않으셨다.

'왜 권사님이 선물을 안 주시지?'

내 안에 이런 마음이 들었다. 그러나 곧 다른 생각이 들었다.

'아뿔사! 내가 참 못됐구나. 당연한 게 아닌데, 계속 받다보니 그렇게 여겼구나!'

아는 선배 목사님에게 말했더니 이런 조언을 해주었다.

"옛날 수도사들은 수도생활을 하면서 넓고 편안한 길을 놔두고 일부러 좁은 길로 빙빙 돌아서 갔다네. 넓고 편안한 길을 걷다보면 그것을 당연히 누려야 되는 줄 알아. 그래서 '돌아서 좁은 길로 내려가자'라고 생각한 거라네."

주변에서 누군가가 잘못을 행한다고 해도 나는 그들을 향해 손가락질하지 못한다. 한두 해 선물을 받다가 끊어졌다고 '왜 안 주나' 하고 궁금해하는 게 나라는 걸 알기 때문이다. 그래서 생각했다.

'그래, 돌아가야 돼. 일부러 좁고 험한 길로. 그래서 계속 내려가야 돼. 그렇지 않으면 넓고 편한 길로 올라가려고만 하게 될 거야.'

옛날에는 시골교회에서 트로트찬양집회를 많이 했다. 그런데 방송에 한 번 나가고 나니 대형교회나 큰 집회에 많이 가게 되었다. 다들 나를 알아봐주고 박수도 쳐주었다. 이전보다는 넓은 길을 걷게 되었다. 그래서 나는 '이 길이 아니구나'라고 느꼈다.

나를 잘 모르는 곳으로, 험하고 좁은 곳으로 나를 자꾸 내던져야 된다고 생각했다. 그래서 나는 새롭게 4집 대중 트로트 음반을 프로듀싱하면서 콘셉트를 '각설이'로 잡았다.

쪼그려 앉아 잠시 생각했다.
'굳이 각설이까지 될 필요가 있을까?'
그러다가 '예수님', 인간이 되신 그분이 생각났다.

얼굴에 우스꽝스러운 분장을 하고 남루한 옷을 입고 무리를 지어 다니며 광대 노릇을 하며 엿이나 약을 파는 사람들. 교회 울타리를 넘어서 많은 사람들을 만나려면 부담이 없어야 한다. 그러려면 양복을 말끔하게 입은 목사보다 품바나 각설이가 좋다. 각설이가 되어 내가 가장 편안하고 안정감을 느끼는 교회의 울타리를 넘어가 본다.

그리고 나는 그들의 삶 속에 잠시나마 스며들어간다. 그들 사이로 비집고 들어가서 화가 쌓이고, 억눌림이 있고, 한이 맺힌 사람들에게 트로트로 용기와 희망, 기쁨과 사랑을 전한다.

참 아이러니하게도 오늘날 세상은 잘 차려입은 목사보다는 누더기를 걸친 각설이의 말을 더 귀 기울여 듣는 듯하다. 우연히 장터에서 각설이들을 본 적이 있는데 말을 정말 재미있게 잘했고, 약도 잘 팔았다. 나는 그들을 보며 생각했다.

'저 사람들이 몸에 좋다는 약을 팔고 있으니, 나는 마음에 좋은 약을 팔아보자!'

좋은 노래와 웃음으로 사람들의 마음을 풀어주는 약을 팔기로 결심했다. 2015년 4월 24일, 모란시장 장터에서 앨범 표지 사진 촬영을 위해 노래를 마치고 내 SNS에 그때의 마음을 담았다.

난생 처음 '각설이'가 되어보았다.

트로트로 찬양하는 딴따라랍시고

말도 안 되는 곳에 가서 뒹굴러봤다고 생각했지만

나 스스로 장터의 각설이가 된 건 오늘이 처음이었다.

누더기 옷을 입고 얼굴에 바보 분장을 하고보니 참 못났더라

못나디 못난 것이 내 얼굴이더라,

장터 한복판에서 약 하나, 엿 하나 팔아야 하는 각설이의 인생이

잘나보이려는 게 이상한 거 아닌가!

쪼그려 앉아 잠시 생각했다.

'굳이 각설이까지 될 필요가 있을까?'

그러다가 '예수님', 인간이 되신 그분이 생각났다.

온 우주의 창조주가 몸과 맘에 병든 세상에

친히 약이 되어주시러 손톱과 피, 살, 뼈, 내장 등

거추장스러운 것들을 지니고 이 땅에 오셔서

숨을 쉬고 역겨운 냄새들을 맡고

허기와 고통을 느끼고, 피곤하셨던,

그런 삶을 사신 건 맞는 일인가 싶었다.

못나디 못난 것이 각설이 분장을 한 내 얼굴이 아니더라.

'예수'라는 울타리 안에서 사람들의 섬김과 환호를 받으며,

직접 세상에 스며들어가 약 하나 더 나눠주지 못한

내 마음이, 이 마음이 참 못나고 못난 것이더라

-4집 〈약장수 구자억〉 머리말 중에서

사랑으로 나아가다

세상으로 나와서 사람들을 만나보니 이전에는 보지 못했던 것들을 보게 되었다. 어느 날 운전을 하는데, 용달차 운전자와 승용차 운전자가 번갈아 추월하며 보복 운전을 하는 게 보였다. 조금 앞으로 가보니 승용차 운전자가 결국 이긴 것 같았다. 그런데 그 운전자가 갑자기 차를 길가에 세우더니 트렁크에서 장을 본 식료품들을 꺼내서 바닥에 던지고는 골프채를 꺼내 내리치는 게 아닌가!.

그 모습을 보며 '과연 지금 그는 저 사건 때문에 저러는 걸까' 하는 생각이 들었다. 아닐 것이다. 이미 화가 쌓여 있었는데 풀 곳이 없어 쌓아두었다가 마침 터트릴 사건을 만난 것이다. 사람들에게 억눌린 마음이 있다. 나는 세상 속에 팽배해 있는 화와 억눌린 마음과 한(恨)을 어떻게 풀어줄 수 있을지 고민했다.

또 한번은 집에서 잠시 쉬고 있다가, 모르는 번호로 두 통의 부재중 전화가 와 있었다. 내가 전화를 하자마자 "왜 전화를 안 받아? 왜 전화를 안 받냐고!" 하는 소리가 들렸다. 나는 지인이 큰 사고라도 당한 줄 알았다. 그래서 누구냐고 물었더니 택배 기사였다. 전화를 받지 않아서 물건을 전달하지 못했다는 거였다. 나도 기분이 몹시 상해서 물었다.

"아저씨, 그게 화내실 일입니까?"

택배 기사가 말했다.

"뭐라는 거야? 이 자식이!"

순간 나도 화가 나서 말했다.

"아저씨, 지금 뭐라고 하셨어요?"

잠시 적막이 흐르다가 그가 말했다.

"나, 끊을게."

황당하고 어이가 없어서 다시 전화를 했지만 그는 받지 않았다. 나는 해당 영업소로 따지러 갔다. 손이 부들부들 떨릴 정도로 화가 난 상태로 상황을 설명했더니 저녁 7시에나 그 택배 기사가 돌아오니 그때 오라고 했다.

기다리다가 저녁에 다시 갔다. 그런데 아직 오지 않았다고 조금 더 기다리라고 했다. 동네를 서성이면서 30분 정도 기다리는데 참 이상한 경험을 했다. 한쪽에서는 택시 기사와 버스 기사가 싸우고, 옆 공장에서는 기계가 시끄럽게 돌아가고, 한 아주머니는 머리에 쟁반을 이고 배달하다가 한편에 서서 허리를 두드리고, 안쪽에서는 택배 사무실 직원이 전화로 고객과 싸우고 있었다. 그 한복판에 내가 서 있었다. 그때 문득 이런 생각이 들었다.

'아, 사는 게 참 쉽지가 않구나. 그런데 그동안 내가 교회의 울타리 안에서 내다보며 세상살이가 쉽다고 생각했구나. 교회에서 목사로 섬겨주니 세상이 이렇게 각박한지를 모르고 살고 있었구나.'

한참을 그 자리에 서 있다가 나는 동네 편의점에 들러 음료수 한 박스를 샀다. 잠시 후에 나를 이 자리로 오게 한 그 택배 기사가 차를 몰고 돌아왔다. 많이 고단하고 피곤한 모습이었다. 어색하고 쑥스럽지만 그에게 음료수 박스를 내밀며 말했다.

"아저씨, 오늘 하루도 수고가 많으셨습니다!"

그리고 집으로 돌아왔다. 내가 '화'에서 해방되는 걸 경험했다. 세상은 "눈에는 눈, 이에는 이"라고 하지만, 성경에는 "누구든지 네 오른편 뺨을 치거든 왼편도 돌려대라"(마 5:39)라고 한다. 누군가 나를 공격할 때 결정할 수 있다. 날 공격한 대가로 사랑을 줄지 상처를 줄지. 상처를 주면 계속 상처가 돌 것이다. 그런데 사랑을 주면 그때부터 사랑이 돌기 시작한다.

'사랑을 돌리고, 웃음을 돌리고, 기쁨을 돌리고, 용기를 돌리자. 그런데 무엇으로 그렇게 할 수 있을까?'

생각해보니 내게는 뽕짝이 있었다. 내 모든 음반을 통틀어서 가장 좋아하는 곡을 뽑으라면 나는 주저 없이 〈참사랑〉을 꼽는다. 무엇보다도 노랫말이 참 좋다.

사랑했기에 자신을 내어줌
사랑했기에 목숨을 내어줌
창조주 하나님이 인간이 되심
이것이 참사랑이요

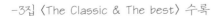

-3집 〈The Classic & The best〉 수록

세상에는 사랑에 대한 이야기들이 넘친다. 드라마와 영화, 신세대들의 노래를 들어보아도 거의 대부분 사랑에 관한 이야기다. 그러나 우리가 살아가는 이 세상 속에는 따뜻한 소식들보다는 안타까운 뉴스거리들이 넘쳐난다. 사랑이 없는데 사랑을 노래하는 현실이 안타까워서 진짜 사랑을 노래로 불러보았다.

세상의 사랑은 조건이 있다. 그것은 참사랑이 아니다. 진정한 사랑은 조건이 없어야 한다. 그저 내 안에서 흘러넘쳐나야 한다. 그리고 사랑에 맞는 행동이 수반될 때 참사랑임을 확인할 수 있다. 왜 세상의 노랫말에는 "사랑에 속았다", "사랑이 나를 울린다" 같은 말들이 많을까? 참사랑이 아닌 사랑을 사랑으로 오해하기 때문이다. 진짜 사랑은 조건도 없고, 늘 행동이 뒤따른다.

하나님의 사랑만큼 참사랑이 있을까? 온 우주의 창조주가 이 땅 위에 머물다 십자가를 지셨다. 누가 그렇게 하라고 하지 않았다. 그저 사랑 때문이다. 그리고 말과 마음으로만 고백한 게 아니라 친히 인간이 되시고, 십자가에 달려 죽는 '희생'으로 보이셨다. 우리는 안다. 진짜, 참말로 우리를 사랑하셨다는 것을. 조건 없이 나타나는 사랑이 참사랑이다.

나는 이 참사랑을 세상에 전하는 뽕짝가수다. 세상으로 나아가 노래를 부르려니 대중 트로트 음반을 내고 활동을 하는 모양새가 되었다. 이를 두고 "방송에 한두 번 나왔다고 찬양을 팽개치고 유행가를 부르냐"라고 하는 사람들도 있다. 하지만 세상에 사랑이

없고 화와 한으로 가득 차 있으니 누군가는 나가서 예수님의 참사
랑을 전해야 하지 않을까!

　아무리 오라고 해도 사람들이 좀처럼 교회로 오지 않으니 내가
나가보련다. 지금 예수님이 내 모습을 보시고 울고 계실지 웃고 계
실지는 누구도 모르는 일 아닌가!

04

아픈 마음에
약 바르기

뽕짝가수냐 목사냐

처음 경로대학에 집회하러 갔을 때는 정말 애를 먹었다. 어르신들을 위한 집회라 부담 없이 생각한 게 화근이었다. 빠른 박자의 신나는 트로트찬양을 불러드리면 좋아할 거라고 생각했는데, 막상 노래를 불러보니 반응이 시원치 않았다.

1집에 수록된 〈주님밖에 없어요〉와 〈꽉〉을 열창했지만 그다지 좋아하지 않았다. 하늘의 영광만을 바라며 찬양하는 사역자라지만 무대에 서서 노래를 하다보면 객석의 반응에 신경을 쓰지 않을 수가 없다. 끝나고 차에 오르는데 담당 전도사가 "원래 반응이 없는 곳이니 염려하지 마세요"라고 위로하는데 속이 더 상했다.

'원래 반응이 없는 게 아니라 내가 뭔가 잘못 생각하고 있는 건 아닐까?'

곰곰이 생각해보니 내가 좋아하는 곡들 위주로 준비해갔다. 1집과 2집에는 빠른 비트의 세미트로트와 젊은이들이 좋아하는 댄스트로트가 대부분이다. 나 역시 젊다보니 내가 부르면서 신나고 흥겨운 곡을 만들었다. 이것이 문제였다.

진즉에 알았으면 좋았겠지만 늦게라도 알게 되어 다행이었다. 어르신들이 즐기는 문화는 따로 있었다. 신나고 빠른 박자의 노래보다도 차분하고 느린 슬로우트로트를 좋아했다. 그리고 내게는 이름조차 낯선 옛날 가수들의 노래를 좋아했다. 〈안개 낀 장충단 공원〉, 〈돌아가는 삼각지〉, 〈찔레꽃〉, 〈나그네 설움〉 등등.

그날 이후로 내가 좋아하는 노래들을 휴대폰에서 지우고 흘러간 옛 노래로 가득 채웠다. 거의 일 년 동안 이런 노래들만 들으면서 연습했다. 그러면서 트로트의 깊은 맛을 더 알게 되었다. 시골교회나 경로대학에 가서 흘러간 옛 노래를 불러드리면 그렇게 좋아할 수가 없다.

특히 〈고향무정〉과 같은 노래들을 부르면 눈시울을 붉히는 분들도 종종 있다. 한날은 교회의 마당도 한번 밟지 않았던 분이 내 노랫소리를 듣고 막걸리 사발을 들고 교회로 들어오기도 했다. 옛 노래에는 그만큼 힘이 있는 것 같다.

옛 노래들을 어느 정도 부를 수 있게 되자 집회에 어르신들이 많다 싶으면 찬양뿐 아니라 이 노래들도 한두 곡씩 불러 드렸다. '교회집회에 와서 이래도 되나' 싶다가도 막상 어르신들의 좋아하는 모습을 보면 보람을 느낀다.

요즘은 경로대학이나 어르신들이 많은 교회에 가면 거의 찬양은 하지 않는다. 설교도 굳이 하지 않는다. 이를 좋지 않게 보는 사람들도 있지만 나는 확신한다. 하나님께서 나를 그 자리에 세우신 주된 이유가 그들의 마음을 달래기 위함이라는 걸.

그래서 한 한의사 장로님에게 배운 건강에 도움이 되는 짤막한 이야기와 "내 마음에 못질한 사람들을 너무 미워하지 말고 용서하고 사랑하시라"라는 말을 전하고, 옛 노래들을 한 시간에서 한 시간 반가량 꽉 차게 불러드린다. 그러면 얼마나 좋아하시는지 모른다. 그 모습이 정말 아이 같고 소녀 같다. 이를 두고 "네가 목사냐, 뽕짝가수냐"라고 묻는다면 나는 분명히 뽕짝가수라 말할 것이다. 목사님은 그 교회에 계시니 목사가 둘이 있을 필요는 없지 않은가!

요즘은 홀로 사시는 노인 분들이 많다. 대부분 매일 같은 일과를 반복하며 살아간다. 젊은 세대처럼 좋아하는 노래를 인터넷에서 찾아듣는 것도 어렵다. 처음에는 나도 몰랐다. 왜 그토록 노래 한 곡에 기뻐하고 즐거워하는지. 좋은 시대에 태어나 누리고 살다보니 모두 나 같은 줄 알았다.

모두들 스마트폰으로 좋아하는 노래와 동영상을 검색해서 듣고 보며, 인터넷으로 다양한 문화를 접할 수 있는 삶을 사는 줄 알았다. 그 분들의 삶을 몰랐던 게 죄송해서 차로 이동할 때도 찬양보다도 옛 노래를 들으며 입에 붙여보려고 노력한다.

요즘은 〈고향역〉을 열심히 연습 중이다. 언제 어디서 이 노래를 듣고 싶다는 분을 만나게 될지 모르니….

"코스모스으~ 피어있느은 그리운 고향여억~."

마음의 약장수

하루는 교회에서 지역 주민들을 위해 여는 잔치에 갔더니 어르신들이 만 원짜리 지폐를 내 손에 쥐여주는 게 아닌가!

'이 분들이 좋아하는 옛 노래를 부르니 이런 일도 있구나.'

교회집회와는 전혀 다른 신세계의 일이었다. 뽕짝가수라고 하니 돈을 주고, 안기도 하고 손도 잡아보시는데 거절해야 할지 받아드려야 할지 고민이 되었다. 그래서 어머니를 만나서 말했더니 귀한 돈이니 잘 쓰라고 했다.

"어르신들에게 만 원은 큰돈이야. 네가 손주 같고 아들 같고, 고마워서 주신 걸 거야."

그러고 나서 돈을 다시 보니 왠지 모르게 뭉클했다. 최근에 인상 깊게 본 영화인 〈약장수〉에 이런 대사가 나온다. 검사 아들을 뒀지만 혼자 사는 할머니가 바쁘다는 핑계로 잠시 들렀다가 집을 나서는 아들에게 말한다.

"언제 너 시간 있을 때 나랑 좀 놀아줄래? 내가 팁도 줄게~."

"…."

"아니다."

꼬깃꼬깃 접힌 만 원짜리를 보니 그 대사가 떠오르며 마음이 짠했다.

요즘 들어 어르신들을 상대로 여흥을 제공하며 약을 파는 사람들이 사회 문제가 되고 있다. 이전에는 나도 그저 나쁜 일을 하는 사람들의 일로만 생각했는데, 이것은 더 심각한 사회 문제의 한 단면이었다.

현재 우리나라는 급격하게 고령화 사회로 접어들고 있다. 동시에 OECD 국가 중에서 노인 빈곤율이 1위라는 오명(汚名)도 안고 있다. 핵가족화로 인해 홀로 사는 노인들이 많아지면서 사망한 지 몇 달만에 발견되는 고독사 문제도 심각하다.

그들은 아침에 일어나면 매일 같은 일과에 웃을 일도 거의 없다. 보건복지부와 한국보건사회연구원이 발표한 '2014 노인실태 조사' 결과를 보면 노인의 33.1퍼센트가 우울증을 앓고 있다고 한다. 또 우울증은 뇌졸중 발병을 2배로 높이는 등 다양한 질병과도 연관이 있어 쉽게 지나칠 문제가 아니다.

외로움을 고칠 수 있는 것은 사람이요 사랑이다. 우울함을 고칠 수 있는 것은 사람이요 웃음이다. 최근 들어 교회마다 경로대학을 많이 열고 있는데, 참 귀한 사역이라고 생각한다. 그곳에서 매일 혹은 매주 누군가를 만나서 함께 웃고 식사도 하며 좋은 관계를 만드는 게 어르신들에게는 큰 의미가 될 것이다.

경로대학에서 트로트를 부를 때면 내가 목사라는 건 별로 중요하지 않다. 그저 "젊은이", "가수 양반"이라고 불리는 한낱 뽕짝가수다. 누가 목사라고 알아주지 않으면 어떤가! 힘을 주어 천국을 말하고 열심히 복음을 전하지만 내가 부르는 옛 노래들보다 그 분들의 귀에 들어올 리 만무하다.

그저 노래나 빨리 부르라고 재촉한다. "예수천당 불신지옥"이라고 외쳐야 하는 목사가 예수의 "예"자도 못 꺼내고 내려오거나 기껏 어렵게 말을 꺼내도 다들 관심도 없는 듯해서 처음에는 아쉬움이 컸지만 지금은 그 마음이 헤아려진다.

짐을 정리하고 나서면 내 손을 잡고 안아주며 "아이고, 누가 우리를 이렇게 웃게 해주고 노래도 불러주나? 고마워요. 꼭 다시 와요"라고 한다. 평소에 나는 별로 숫기가 없지만 어르신들 앞에서는 너스레를 떤다.

"아, 그려~ 누가 오겠어? 나나 되니까 오지. 웃으시니 좋네. 그런데 노인대학에 노인들은 없고 죄다 애들만 모아놓고 무신 노인대학이여? 내가 오고 싶다고 오나, 불러줘야 오지. 또 올 때까지 건강하셔~!"

누가 이기나 해봅시다

찬양 사역을 하며 많이 훈련하는 것 중 하나가 사람들의 반응에 휩쓸리지 않는 것이다. 어떤 교회는 강단에 오르기 전에 이미 마음 문이 열려 웃음으로 나를 맞아주는가 하면, 어떤 교회에서는 아주 엄숙한 분위기에서 첫 곡을 부르기도 한다. 때로는 정말 웃어야 할 때인데 아무도 웃지 않아서 난감한 경우도 있다.

찬양집회를 한다고 하지만 밝게 웃으며 신나게 박수를 쳐주는 분들 앞에서는 더 신나게 하게 되고, 반응이 없는 곳에서는 흥이 안 나는 건 어쩔 수 없다. 그래도 나 스스로 형평성(?)을 유지하려고 노력한다.

그러나 솔직히 쉽지 않다. 강단 앞에 서본 사람은 알겠지만 앞에 앉아 있는 회중의 모습이 하나하나 눈에 다 들어온다. 어떤 행동을 하는지 내 노래나 말을 듣고 있는지 아니면 다른 생각을 하는지 졸고 있는지가 한눈에 들어온다.

한번은 범상치 않은 외모의 두 여인이 집회하는 내내 과자와 음료를 먹고 있었다(이들은 트로트가수를 초청했다고 하니 편한 마음으로 공연을 보러온 것이었다). 또 외국인들이 몰려들어와서 교회의 전도사님이 몇 번이나 주의를 주는데도 집회하는 내내 속삭여서 집회를 어떻게 마쳤는지 모를 정도였다. 이런 경우는 교회라는 곳에 대한 이해가 부족해서라고 할 수 있겠지만, 이외에 특별히 기억에 남는 경우가 있었다.

2010년 전도사 시절이었다. 충남에 있는 한 교회에 갔는데, 옷을 점잖게 입은 한 중년 아주머니가 예배석의 왼쪽 중간쯤에 앉아 계속 바닥만 보고 있었다. 그래도 처음 노래를 부르고 인사할 때는 앞을 한번 봐줄 만한데 집회 내내 나는 그분의 정수리만 보아야 했다. 신경을 쓰지 않으려 해도 자꾸 거슬렸다. 나름 유쾌하고 재미있는 집회이기에 나는 더욱 신나게 순서를 이어나갔다.

'어디 누가 이기나 해봅시다. 결국 나를 보게 만들고야 말리라!'

그러나 그 분은 꿈쩍하지 않았다. 그리 큰 교회가 아니어서 어느 한 곳에 시선이나 정신을 빼앗기면 집회에 집중하기가 쉽지 않았다. 그때는 집회 경험도 그리 많지 않았던 때라 심적 부담이 이루 말할 수 없었다.

결국 마지막에 다함께 일어나서 춤추는 순서가 되어서야 드디어 나는 그 분의 얼굴을 보게 되었다. 그런데 잠시 눈만 마주치더니 밖으로 나가버리는 게 아닌가! 순간 내 머릿속에 수많은 생각이 들었다.

'내 집회가 지루한가? 트로트를 싫어하시나? 클래식 음악을 전공한 분이신가?'

이런 생각을 하고 있으니 집회가 은혜롭게 마쳐질 리 만무했다. 성도들은 다행히 내 각고의 노력으로 눈치를 못 챈 듯했지만 정작 내게 은혜나 기쁨이 전혀 임하지 않았다. 오히려 1시간 넘게 스트레스를 이기며 집회를 하느라 진이 다 빠졌다. 그러면서 내 속에서 화가 치밀어 올랐다.

'아니, 예배드리기 싫으면 집에 있지 왜 와서 집회를 방해할까?'

집회를 마치고 목사님과 잠시 인사를 나누고, 숙소를 안내받았다. 그런데 숙소까지 안내해주는 분이 바로 그 여자 집사님 내외가 아닌가! 교회가 외지에 있어 번화가로 나가야 숙소가 있는데, 그곳에 사는 교인이 그들 밖에 없으니 그 차를 타고 숙소로 가라고 했다.

나는 차를 타는 순간부터 마음이 좋질 않았다. 몸도 지쳤고, 마음도 그다지 편하지가 않아서 대화를 하기보다 잠시 눈을 감고 쉬려는데, 그 집사님이 먼저 말을 꺼냈다.

"저… 전도사님도 외아들이세요?"

나름 소심한 복수를 한답시고 나는 퉁명스레 대답했다.

"네, 그런데요."

"저도 아들이 하나 있었습니다. 주의 종이 되겠다고 신학교에 갔고, 이 교회에서 전도사로 사역했어요. 음악을 좋아하고 노래를 잘해서 찬양 인도를 도맡아 했지요. 그런데 작년 가을에 선교 여행을 다녀와서 갑자기 하늘나라로 갔어요. 전도사님을 보니까 아들 생각이 많이 나네요."

가만히 보니 집회 내내 울었는지 눈이 붉게 충혈돼 있었다.

'아…, 그렇구나!'

그러면서 나보다 대여섯 살 어린 아들이 전도사로 사역했다고 말했다. 내가 앞에 서서 마이크를 잡고 노래부르는 모습에 천국으로 먼저 간 아들 생각이 나서 계속 눈물이 나와 차마 나를 바라보지 못하고 결국 뛰쳐나가 마음을 추스린 거였다. 이런 상한 마음을 두고 집회에 반응하지 않는다고 속으로 불평하던 내 자신이 정말 부끄러웠다.

사람은 어쩔 수 없이 다른 사람의 마음을 바라볼 수 없으니 내 기준과 내 입장만 생각한다. 내 마음에 들지 않으면 미워하고, 자기 기분을 상하게 하면 고개를 돌려버린다. 다른 사람의 마음에 공감하는 게 쉽지 않다. 일상 생활에서도 마음이 상하는 일이 많다. 그때마다 나는 속으로 생각한다.

'아, 저럴 수밖에 없는 사정이 뭘까?'

그리고 혼자 이런저런 생각을 해본다. 운전하면서 급히 끼어들어 사고가 날 뻔하게 만든 사람이 있으면 혹시 만삭인 아내의 전화를 받았거나 차에 위급한 환자가 타고 있을 수도 있다고…. 어차피 나는 끝내 알 수 없으니 내 마음껏 꾸며댄들 어떠랴! 그리고 말해본다.

"뭔가 사정이 있겠지~."

그러면 마음이 좀 나아지고 분노할 일이 적어진다. 그리고 생각한다.

'그래, 내가 알지 못하는 사정이 있을 거야.'

이미자 노래를 불러줄 수 있나요

몇 해 전 원주에 있는 한 경로대학 집회를 갔을 때였다. 연로한 한 권사님이 내 쪽으로 오더니 가방에서 요구르트 하나를 꺼내주었다. 그러면서 내게 노래를 잘 부른다고 칭찬하며 말했다.

"혹시 이미자 노래를 좀 불러줄 수 있나요?"

좀 난감해서 내가 말했다.

"아, 제가 나훈아 씨나 남진 씨 노래는 부를 수 있는데, 이미자 씨 노래는 아는 게 없어 불러드릴 수가 없는데 어쩌죠?"

권사님의 얼굴에 서운한 표정이 역력했다. 나중에 들어보니 오래전에 남편을 여의고 자녀들과 떨어져 홀로 사는 분이라고 했다. 아마도 좋아하는 노래가 있어도 찾아서 들을 수 없었는데 트로트가수가 왔다고 하니 좋아하는 가수의 노래를 듣고 싶었던 것 같다. 아는 전도사가 있는 교회라 해마다 경로대학을 하면 노래하러 갔었다. 그래서 권사님에게 말했다.

"권사님, 제가 내년에 또 와요. 그때는 이미자씨 노래를 꼭 불러드릴게요. 서운해하지 마시고 내년에 봬요~."

권사님은 거동도 불편한데 주차장까지 나와 내게 "잘 가요"라고인사했다. 나는 그때부터 이미자 노래를 연습하기 시작했다. 〈섬마을 선생님〉, 〈동백 아가씨〉, 〈흑산도 아가씨〉 등 어르신들이 좋아하는 노래를 연습하는 것에 왠지 모를 사명감마저 느꼈다.

한 해가 가고 변함없이 그 교회에 갔다. 그리고 그 권사님부터 찾았다. 이미자 노래를 메들리로 들려드릴 생각으로. 왠지 비장한 마음이 들었다.

그런데 그 권사님이 소천했다고 했다. 그것도 전년 겨울에…. 마음이 얼마나 서운했는지 모른다. 외할머니가 돌아가셨던 때처럼 마음이 좋지 않았다. 돌아오면서 내내 이런 생각이 들었다.

'다음을 기약한다는 게 얼마나 교만한 일인가! 내일 일도 알지 못하는 게 인생인데, 내가 무얼 믿고 내년에 보자고 약속을 드렸나. 차라리 휴대폰으로 이미자 씨 노래를 틀고 더듬거리더라도 그냥 불러드릴 걸. 대단히 잘 부르는 걸 원하신 것도 아닐 텐데, 그냥 노래가 듣고 싶으셨던 건데….'

뭐 그리 어려운 일이라고 일 년을 더 기다리라고 했을까. 혹시 권사님이 눈을 감기 전에 '목사 가수양반이 이미자 노래를 불러준다고 했는데, 그 노래를 듣고 하늘나라에 가야 하는데'라고 생각하지 않았을까?

그날 이후 어르신들을 보면 지팡이를 짚고 주차장까지 따라와 나를 바라보던 그 흰머리 권사님이 생각난다.

"잘 가요~, 내년에 와서 꼭 이미자 노래를 불러줘야 돼요."

그 아이 같던 미소를 떠올리며 생각한다.

'아이고! 권사님, 나한테 잘 가라고 하더니 먼저 가버리시면 어떡혀! 한참 찾았구먼. 천국에서 잘 쉬고 계셔. 인생살이 잠시 살다가는 거, 조만간 나도 천국에 갈 텐께 예수님한테 이야기하셔서 특급 무대로다 준비하고 계셔. 이미자 노래를 질릴 때까지 불러드릴께. 잘 쉬고 계셔~.'

손을 얹은즉 나으리라

한 집회를 은혜 가운데 마치고 나오는 길이었다. 평소와는 다른 뜨거운 분위기 속에서 집회가 이어져서 내내 기쁨이 넘쳤다. 땀을 많이 흘려서 옷을 갈아입고 화장실에 가려는데 할머니 두 분이 찾아오셨다. 그리고 다짜고짜 한 할머니가 머리와 무릎이 아프니 손을 얹고 기도해달라고 하고 또 한 분은 혈압이 높아서 걱정이라며 안수해달라고 했다.

집회 중에 큰 은혜를 받았다며 기도해달라고 하는데, 어쩐지 모양새가 이상했다. 교회에 담임목사님도 계신데 내가 하는 건 아닌 것 같아서 슬쩍 넘어가려고 말했다.

"할머니, 보시면 아시겠지만 제가 목사가 된 지 얼마 안 된 초보 목사예요. 그래서 안수를 해도 큰 효과가 없을 거 같은데, 담임목사님께 부탁하시는 게 좋을 것 같아요."

그러나 두 분은 막무가내였다. 집회 때도 몸놀림이 예사롭지 않았던 분들이고, 외모만 봐도 무언가 범상치 않은 기운이 느껴졌다. 함께 트로트찬양 메들리를 부를 때는 앞으로 나와서 계속 뱅글뱅글 돌아서 '혹시 저러다 쓰러지시면 어떻게 하나' 싶어 신경이 많이 쓰이던 분들이었다. 그런데 참 민망하게도 "갓 신 내린 점쟁이가 영험하듯이 막 안수받은 목사니까 영빨이 셀 것이니 기도해달라"라고 막무가내로 우기는 통에 거절도 못하고 손만 잡고 기도하기로 했다.

지금 생각해보면 내가 지혜가 부족했던 것 같다. 담임목사님께 인솔하여 함께하면 될 것을 너무 당황한 나머지 그런 선택을 한 것이다. 본당 안쪽에서 몇 분이 외부 강사 목사를 대접한다고 간식을 차려두고 기다리는 게 보여서 마음이 더 심란했다.

어찌되었건 기도를 시작했다. 나는 강단 아래에서는 수줍음이 많아서 작은 소리로 기도했더니 그 두 분은 기도 소리가 안 들린다며 성화를 했다. 그 틈에 눈을 뜨고 잠시 주변을 둘러보니 본당 안, 가장 가까운 곳에서 담임목사님이 내 쪽을 보고 계신 게 아닌가! 내 온몸에 식은땀이 절로 흘렀다. 그러나 사건은 여기서 끝나지 않았다. 기도를 받던 한 할머니가 잡고 있던 내 손을 가져다 본인의 머리 위로 가져갔다. 그때는 정말 울고 싶었다.

교회 안에서 보면 비교적 큰 키의 내가 영락없이 성도들에게 안수 기도를 하는 걸로 보였을 것이다. 나는 당황한 나머지 "예수님의 이름으로 나음받기를 소망합니다. 치유의 은혜를 베풀어주소서"라고 큰소리로 기도했다. 그런데 기력도 없고 여기저기 아프다고 하던 분들이 "아멘" 소리는 얼마나 큰지 나는 깜짝깜짝 놀랐다.

"예수님의 이름으로 기도했습니다. 아멘."

가까스로 기도를 마치고 해방되나 싶었는데, 한 할머니가 내 손을 놓지 않고 자신의 머리며 목이며 이마에 가져다대며 혼자 계속 기도를 하는 게 아닌가! 나는 재빨리 그 자리를 빠져나오려 했는데, 기절초풍할 일이 또 벌어졌다.

그나마 좀 얌전하게 기도를 받던 한 할머니가 장의자에 풀썩 앉아 눈을 감고 중얼중얼하는 게 아닌가! 그 모습이 영락없이 기절하신 듯했다. 뽕짝이나 부르며 돌아다니던 초짜목사가 감당하기에는 엄청난 사건이 벌어지고야 만 것이다.

'아, 어디서부터 잘못된 것일까? 그래, 기도를 시작한 것부터가 잘못이야.'

속으로 여러 생각이 스쳐갔다.

'이 분을 깨워드려야 하나? 이게 입신(入身)이라는 건가?'

신앙생활을 오래했지만 눈앞에서 내 기도로 입신이 일어난 건 처음이었다. 오해가 없도록 담임목사님에게 이 상황을 설명해야겠다는 생각밖에는 들지 않았다. 그러자 담임목사님이 내 쪽으로 나오는 모습이 보였다. 나는 생각했다.

'아, 정말 큰 결례를 했구나. 화가 단단히 나셨을 수도 있겠다. 거기다가 한 분은 지금 쓰러져서 의식조차 없으니….'

목사님은 잔뜩 얼어 있는 나를 데리고 본당으로 들어가셨다. 크지 않은 교회라 교회의 본당에 방석을 깔고 소담한 간식들 주변으로 둘러앉았다. 그 사이 사모님은 바깥 상황을 정리하러 나가셨다. 두 할머니 권사님이 떠나시자 목사님이 말씀하셨다.

"많이 당황하셨지요? 두 분 중 한 분이 예전에 암 투병을 하셨는데, 꽤 오래전에 부흥회에서 기도를 받고 나으셨죠. 다른 한 분은 그 분이 얼마 전에 전도한 분이고요. 그래서인지 외부에서 강사가 오면 누구든지 가리지 않고 찾아가 기도를 해달라고 하세요."

입신한 할머니에 대해서도 기도받을 때마다 그렇게 있다가 혼자 기도하고 가니 신경쓰지 않아도 된다고 하셨다. 그렇게 목사님이 대수롭지 않게 말씀하시는 걸 듣고서야 나는 가슴을 쓸어내렸다. 사람마다 종교적인 성향에 차이가 있을 수 있다. 통성기도를 선호하는 사람이 있는가 하면, 침묵기도를 좋아하는 사람도 있다. 우리는 이것을 서로 인정하며 살아야 한다.

흔치 않은 경험을 한 터라 집에 돌아와 성경 말씀을 찾아보았다. 그런데 예수님도 자신의 무리에 몰려드는 병자들에게 일일이 손을 얹고 고쳐주셨고(눅 4:40), 회당장 야이로도 예수님이 죽어가는 딸에게 오셔서 손을 얹어 고쳐주시기를 원했다(막 5:23). 또한 예수님이 제자들을 파송하시면서 그들에게 말씀하시기를 병든 사람에게 손을 얹은즉 나으리라라고 축복하셨다(막 16:18). 누군가에게 손을 얹는다는 건 매우 깊은 교제다.

지금은 떠돌이 뽕짝가수 생활을 하고 있으나 언젠가는 정말 아름다운 교회를 세우고 싶은 비전이 있다. 그때가 되면 나도 손을 얹고 기도할 것이다. 특히 어르신들에게는 더 안수해주고 싶다. 이래저래 잔병치레를 많이 하는 분들이 내 손이 귀찮다고 할 때까지.

병이 낫고 안 낫고는 하나님께서 주관하실 일이고, 성경에 "손을 얹은즉 나으리라"라고 기록되어 있으니 믿음을 가지고 사는 사람이 못할 건 또 무언가!

언젠가는 정말 아름다운 교회를 세우고 싶은 비전이 있다.
그때가 되면 나도 손을 얹고 기도할 것이다.
특히 어르신들에게는 더 안수해주고 싶다.
이래저래 잔병치레를 많이 하는 분들이 내 손이 귀찮다고 할 때까지.

한 나병환자가 나아와 절하며 이르되 주여 원하시면 저를 깨끗하게 하실 수 있나이다 하거늘 예수께서 손을 내밀어 그에게 대시며 이르시되 내가 원하노니 깨끗함을 받으라 마 8:2,3

이리 오너라

충남의 한 교회에 갔는데 유달리 어르신들이 많았다. 그래서 그 분들이 좋아하는 노래 몇 곡과 찬송가를 신나게 불러드리고 나왔다. 사실 어르신들 집회가 장년층 집회보다 어렵다. 중간에 나가기도 하고, 때로 큰 소리로 통화를 하기도 한다. 그리고 사탕이나 우유나 박카스 등을 집회 중에 들고 나와 주기도 한다. 때로는 지폐를 내 손에 쥐어준다. 처음에는 놀라서 손사래를 치며 거절했지만 요즘은 "가다가 떡이나 하나 사먹어야겠습니다"라고 너스레를 떤다. 그러면 그렇게 좋아할 수가 없다.

그날도 집회를 마치고 인사하고 나오는데, 곱게 생긴 한 할머니가 따라나오면서 사진을 같이 찍자고 했다. 그래서 어깨동무를 하고 찍으려 하니 팔짱을 끼고 찍자고 했다. 그래서 팔짱을 꼈는데 할머니의 가슴이 두근두근하는 게 내 팔에 느껴졌다. 원래 그 분이 유달리 심장이 크게 뛰는지는 몰라도 마치 소녀처럼 느껴졌다. 사진을 찍은 후 내게 잘 가라고 인사를 하고 돌아서서 들어가시는 모습도 참 고왔다.

'아~ 소녀시구나.'

난 외할머니와 오랜 시간 함께 살아서 추억이 많다. 늘 거울을 보며 참빗으로 머리를 단장하시면 내가 물었다.

"할머니는 어디에 갈 데도 없고, 찾아올 사람도 없는데 왜 그렇게 곱게 단장을 해요?"

우리는 그저 노인이라고 생각하지만 그렇지 않은 게다. 할머니도 '여자'였다. 세월이 이래저래 그 모습을 감춰두었어도 그 짙은 주름을 걷어내면 다 어여쁜 소녀들이다.

요즘 어머니의 모습에서 할머니의 모습이 묻어난다. 어머니는 신앙심이 깊은 분이다. 내 트로트찬양 1집은 어머니의 헌신으로 나올 수 있었다. 집안 형편이 좋지 않아 음반을 낸다는 건 꿈도 못 꿀 일이었다. 그러나 어머니의 희생 덕분에 음반이 나왔고, 지금 내가 트로트찬양 사역을 할 수 있는 귀한 밑거름이 되었다.

때때로 어려운 일을 만나면 어머니는 나를 불러서 기도하자며 꼭 무릎을 꿇고 기도했다. 그런 어머니는 흥도 많은데 산에 오르다가도 신나는 노래가 흘러나오면 춤을 한바탕 추고 다시 산행을 할 정도다. 정이 많고, "나는 아버지가 둘"이라고 할 정도로 성품도 호탕하다. 나는 어머니의 흥과 기질을 많이 닮았다. 전철을 기다리면서도 노래를 흥얼거리고 몸을 들썩거리는데, 억지로 그러는 게 아니다. 신나는 노래를 들으면 기분이 좋아지고 자연스레 온몸이 반응한다.

어린 시절에도 마찬가지였다. 어머니가 나를 데리고 시장에 가면 어느새 사라져버리곤 했단다. 지금은 사라진 전파사나 테이프를 놓고 판매하는 리어카 앞에 가서 사람들의 시선을 한 몸에 받으며 춤을 추고 있었다고 한다.

하루는 부모님이 다투셨다. 내가 초등학교 1-2학년 때인데 아직도 기억이 생생하다. 나는 거실에 있었고, 방에서 어머니와 다투던 아버지는 밖으로 나간 후 안방에서 웃음소리가 들렸다. 이상해서 방문을 열어보니 TV에 나훈아 씨가 나와서 노래를 부르고 있었고, 그 앞에서 어머니가 소녀처럼 박수를 치고 웃으며 보고 있었다. 그때 나는 트로트가 가진 힘을 처음 경험했다.

그때부터 나는 어머니 앞에서 나훈아 씨의 모창을 했다. 어린 내가 트로트를 부르는 모습에 어머니는 웃음을 터트렸고, 친구 분들에게 내 자랑을 했다. 생각해보니 이때부터 하나님께서 나를 준비시켜주신 게 아닌가 싶다.

음반의 프로듀싱과 작사와 작곡은 지금도 내가 다 한다. 그러나 실질적인 프로듀서는 어머니다. 일단 곡이 나오면 어머니 앞에서 먼저 부른다. 그러면 열심히 들으시고 이런저런 부분들을 코치해준다. 그럴 때마다 생각한다.

'지금 이 분을 만족시키지 못하면 명곡이 탄생할 수 없다!'

그래서 어머니의 오케이 사인이 떨어지면 그제야 편곡자에게 작업을 맡긴다. 많은 사람들이 트로트찬양은 안 된다고 만류할 때에도 내게 "해 봐"라고 하고, 하고픈 마음만을 부둥켜안고 있을 때 보험을 해약해서 "하나님의 영광을 위해 써라"라고 하며 제작비를 내주었던 내 1호 팬이다.

종종 어머니는 내게 시집 와서 고생했던 시절의 이야기를 한다. 어느 날, 듣기만 했을 뿐 그 마음에 공감해주지 못했다는 생각에 어머니를 안아주며 말했다.

"아이고, 새색시가 고생이 참 많았네그려!"

내 품에 예순이 넘은 어머니가 아니라 갓 시집온 새색시가 안겨 있는 걸 느꼈다. 그 때문인지 이후로는 옛날 이야기를 하지 않는다. 아마도 그때 충분히 위로를 받았나보다. 누군가 상처를 반복해서 말한다면 아직 온전히 치유되지 않은 것이리라.

어머니의 머리에 조금씩 더 생겨나는 흰머리, 짙어지는 주름에 서운하고 화가 난다. 정말 세월이라는 놈이 있다면, 멱살이라도 잡아서 끌고 오고 싶다. 청춘이라는 놈이 있다면, "거기 섰거라!"라고 외치며 뛰어가서 잡고 싶다. 이 안타까운 마음을 담아 쓴 곡이 〈이리 오너라〉이다.

이리 오너라 거기 섰거라 멈추어라 좋은 시절아

나는 이제 쉬어가려니 세월아 너도 쉬거라

이리 오너라 거기 섰거라 멈추어라 나의 청춘아

나는 이제 멈춰 서려니 청춘아 너도 섰거라

모진 세월 눈물 섞어 견디며 살아왔는데

이 깊은 주름만 남기고 어디를 가려느냐

이리 오너라 거기 섰거라 멈추어라 나의 청춘아

-4집 〈약장수 구자역〉 수록

　정말 잡을 수 있고 세울 수 있다면 그러고 싶은데, 유수처럼 흘러
가는 세월이 야속할 뿐이다.

05

참사랑을
배우다

사랑은 감당이다

누가 뭐래도 기독교의 정수(精髓)는 '사랑'이다. 직접 이 땅에 오신 하나님의 모습은 사랑의 결정체였다. 당시 천대받던 사람들에게 차별 없이 사랑을 부어주셨다. 예수님 시대에는 아이들에 대한 각별한 애정이 없었다. 고대 문헌에 따르면 여자아이가 태어나면 유기하던 시대였다. 그러나 예수님은 아이들이 다가오는 걸 반기시고 사랑으로 대하셨다. 세리와 창기에게도 그러셨다. 사랑하시고 또 사랑하시다가 그 사랑의 고백을 십자가의 죽음으로까지 하셨다.

많은 분들이 제자 훈련과 성경 통독과 기도에 전념하는데, 모두 사랑을 위해서 해야 한다. 믿음의 훈련들을 통해 사랑의 결실이 맺히지 않는다면 결국 내 의를 채우기에 급급했던 바리새인의 모습이 될 수도 있다.

그리고 크리스천들이 교회 안에만 모여 있지 않았으면 좋겠다. 어렵고 힘든 이들을 찾아 세상 속으로 나아갔으면 좋겠다. 낮은 곳으로 스며들어가 아버지의 마음으로 그곳에 있어주면 좋겠다. 차별

이 없는 사랑, 내 것을 내어주는 사랑으로.

앞서 말했듯 2015년부터 나도 사역의 지경을 넓혔다. 교회보다는 홀로 사는 어르신들이나 문화적으로 소외된 사람들을 찾아다니며 노래를 부르기로 했다. 그들을 사랑하니까 그들의 아픔과 외로움이 보였다. 왜 어르신들이 약장수들의 꾐에 빠져 약을 사게 되는지도 알게 되었다. 외롭기 때문이었다.

교회에 가면 나를 이미 잘 아신다. 성도들이 사진을 같이 찍자고 하고, 사인을 해달라고 하고, 준비한 선물을 주고 가기도 한다. 그러나 교회 울타리를 넘으면 난 한낱 뽕짝가수다. 그들과 거리감을 좁혀보려고 누더기 옷에 분장까지 하니 정말 각설이처럼 보인다.

나는 이기적인 사람이었다. 그래서 사랑할 줄 몰랐다. 그런데 하나님이 사랑하는 마음을 부어주셨다. 신문을 봐도 소외된 사람들의 아픔에 대한 기사가 먼저 보이고, 그것을 볼 때마다 마음이 저미고 아팠다. 사명은 그런 것이다. 의지적으로 갖는다고 가질 수 있는 게 아니라 주어지는 것이다. 하나님께서 주신 마음을 품고 그저 순종하는 것이다. 그것을 가장 잘 표현한 내 노래는 〈사랑 사랑 사랑〉이다. 그 가사처럼 사명은 결국 사랑이다.

사랑 사랑 사랑 모든 게 사랑이더라

무엇으로 사는 줄 몰랐었는데

알고 보니 사랑이더라

사랑 사랑 사랑 모든 게 사랑이더라

무얼 위해 살아야 할지 몰랐었는데

결국엔 사랑이더라

-4집 〈약장수 구자역〉 수록

외로워하는 사람들을 보면 왜 이토록 마음이 짠한지 생각해보니 내 학창 시절의 기억 때문인 것 같다. 중학교 시절에 나는 잠시 왕따를 당했다. 당시는 '이지매'나 '왕따' 같은 말조차 생소했지만 분명히 그런 따돌림이 있었다. 내가 왕따를 당한 이유는 단지 이름이 특이해서였다.

중학교 1학년에 반장 선거에 나갔는데 아이들이 투표 용지에 '구봉서(원로 코미디언)의 아들'이라고 적어냈고, 결국 그게 내 별명이 되어 한참 동안 놀림을 받았다. 서로 서먹한 학기 초에 함께 놀리고 따돌릴 수 있는 누군가가 있다는 게 아이들에게는 큰 재미였던 모양이다.

물론 내 무던한 성격 덕에 금세 아이들과 친해져서 별 탈 없이 지나갔지만 그 두어 달은 내게 그다지 좋은 기억이 아니다. 체육 시간에 나가 운동하려고 해도 끼워주지 않아 운동장 한쪽에 쪼그리고 앉아 있던 기억은 오랜 시간이 흘렀어도 여전히 아프게 남아 있다.

가끔 교회에서도 학생들이 이런 고민으로 상담을 요청하는 경우가 있다. 사람이 사람을 싫어하는 데는 주관적이더라도 그만한 이유가 있다. 어떤 공동체에도 더 좋아하는 사람과 덜 좋아하는 사람이 있고, 안타깝게도 끔찍하게 싫어하는 사람이 있다.

전도사로 시무하던 교회에서 한 아이를 왕따시키는 학생들을 불러서 훈계를 하는데, 한 학생이 말했다.

"전도사님, 쟤는 어디에 놔도 왕따예요. 주변 상황을 다 새롭게 만들어줘도 다시 왕따가 된다니까요!"

맞는 말일 수도 있다. 그러나 나는 교회에서만큼은 왕따가 없어야 한다고 믿는다. 그것이 하나님의 뜻이라고 생각한다. 트로트로 찬양하는 것도 어르신들이 교회에서 왕따를 당한다고 느꼈기 때문이다. 다시금 대중트로트로 교회 울타리를 넘는 것도 세상 속의 왕따들을 하나님께서 알게 하셨기 때문이었다.

하나님의 마음을 그대로 품고서 이 땅에 오신 하나님의 본체이신 예수님도 이 땅에서 왕따를 없애려고 하셨다. 당시 '종교'라는 이름으로 높디높게 쌓인 장벽을 허무셨다. 하나님은 비싼 송아지를 바쳐야만 만날 수 있는 분이 아니라 가난한 자건 세리건 창기건 '아버지'라고 부를 수 있는 분이라고 가르쳐주셨다.

값싼 비둘기마저 바칠 형편이 안 되었던 당시의 빈민들에게 "하늘에 계신 우리 아버지여"라고 부르짖으며 기도하라고 주기도문을 가르치신 예수님의 모습은 당시로서는 엄청난 파격이었다.

물론 예수님도 죄에 대해서는 단호하셨다. 간음한 여인에게 다시는 죄를 짓지 말라고 엄히 말씀하셨다. 그리고 예수님을 만난 세리는 자신이 부정하게 토색한 것을 토해내며 철저하게 회개했다. 그러나 예수님은 사람을 품어주셨다. 기꺼이 죄인들을 제자로 받아주셨다. 당시 유대인들이 거짓말을 해도 되는 상대가 바로 세리였다. 그들은 사람들의 미움과 괄시를 한 몸에 받았다. 그런데 예수님은 세리 마태를 제자로 부르셨다. 그를 받아들이는 것만으로도 큰 모험이었다.

사기 전과로 가득한 사람을 측근에 두신 것이다. 그러나 예수님은 그런 세리마저도 사랑하셨다. 사랑은 감당이다. 감당할 수 있는 만큼 사랑할 수 있다. 예수님은 모든 걸 감당하실 만큼 사랑하셨다.

사역을 하다보면 참 다양한 사람들을 만나게 된다. 좋은 만남일 때도 있고, 차라리 만나지 않았으면 하는 만남도 있다. 좋은 사람은 더 보고 싶고 더 잘해주고 싶은 반면 싫은 사람은 목소리도 듣기 싫다. 굳이 날 좋아하지 않는 사람들을 찾아다닐 필요는 없지만 그가 주님의 몸 된 교회로 찾아왔다면 주님의 마음으로 그를 대해주는 게 맞다. 사랑을 찾아왔는데, 세상과 똑같이 대한다면 어떻겠는가! 그가 하나님께서 내게 보내신 '마태'일 수도 있다.

학생부 시절, 한 건장한 청년이 교회에 왔다. 어린 내가 보기에도 그 형은 교회에서 왕따였다. 청년부가 없어 대예배를 열심히 드리며 성가대 봉사도 하는 참 좋은 형인데도 말이다. 교회에 올 때 옷차림이 깔끔하지 못해 어른들이 좋지 않게 보는 눈치였다. 그리고 그에 대한 이런저런 소문들이 무성하게 들려왔다. 따를 만한 청년부 형들이 없었던 우리에게 그는 좋은 친구였다. 가끔 내가 속한 찬양단을 불러서 간식을 사주기도 했다.

그런데 그가 어느 날부터 교회에서 보이지 않았다. 누군가 교회에서 지갑을 잃어버렸는데, 그가 의심을 받아 상처를 입고 나오지 않는다는 말만 들었다. 물론 그 형의 행동이 아닌 것으로 밝혀졌지만 몇 시간 동안 의심의 눈초리를 받으며 마음의 상처가 컸던 것 같았다. 누군가가 나서서 그를 변호해주고 편이 되어 믿어주고, 행여 그런 잘못을 했어도 상처가 되지 않도록 해결해줄 수 있는 사람이 없었다는 게 지금도 참 안타깝다.

교회에서 사랑을 경험하지 못한다면 어디에서 사랑을 경험할 수 있을까. 그저 사랑을 주자. 그리스도인들은 사랑을 준 것으로 모든 걸 끝낼 수 있어야 한다. 사람이 변하는 건 하나님께 달린 것이다. 내 주변에 마태가 있다면 사랑하려고 노력해보자. 그것으로 우리는 정말 고귀하고 우아한 사람이 된다. 사랑은 죄인인 우리가 할 수 있는 것들 중에 가장 예수님을 닮은 행동이기에.

내게 보내신 천사일 수 있다

나는 좀 소심한 편이다. 엄한 아버지의 밑에서 자라서인지 중년 남성들을 대하기가 어렵다. 그래서 찬양 사역을 하며 힘들었던 것 중 하나가 개(個)교회의 목사님들을 독대하는 거였다. 집회할 때는 긴장이 되지 않는데, 마치고 담임목사님을 만나는 시간이 되면 그 자리를 빨리 벗어나고 싶었다. 이런 사정도 모르고 사람들은 나를 부러워했다. 좋은 어른들을 많이 만날 수 있어서 좋겠다고.

이것이 '하나님이 주신 복 중의 복'이라고 하는데 나는 이 시간만 되면 입이 바짝바짝 마르니 목사님의 말이 귀에 들어올 리 없었다. 사실 '관계' 부분이 많은 스트레스의 요인이었다. 뽕짝을 부르는 재주가 있는 어린 후배 목회자인 나는 여름이나 겨울이 되면 참 많이 애용(?)받았다. 다들 귀한 사역의 자리인지라 거절하기도 힘들었고, 점점 넓어져가는 인간관계도 내게 그다지 좋지만은 않았다. 때로는 이용당하는 것 같은 생각이 들 때도 있었다.

특히 2014년에 방송을 마친 후 몇 개월은 이런 관계들로 인해 말할 수 없는 스트레스를 받았다. 그러나 지금은 생각을 바꾸었다. 이것 역시도 부족한 사람을 향한 관심이고 사랑이 아니었을까. 다소 폐쇄적인 내 성향 때문에 잃어버린 좋은 관계들이 많아서 한편으로 아쉽기도 했다.

요즘은 하나님께서 언제 어디서 천사를 만나게 하실지 모른다는 생각에 가급적이면 모든 분들과 좋은 관계를 유지하려고 애쓴다. 모든 관계가 시작부터 좋을 수는 없다. 크리스천은 좋지 않은 관계도 좋게 이어나가려는 노력을 해야 한다. 즉, '받아들임'의 노력을 해야 한다.

집회 때 나를 몹시 불편하게 하던 한 권사님이 지금은 좋은 친구가 되어 때때로 내 건강을 챙겨준다. 의료기기 사업을 하는 분이라 많은 건강 상식으로 내게 도움을 준다. SNS를 통해 이상한 어투와 말로 날 힘들게 하던 한 성도도 농사 지은 고구마와 감자와 직접 담근 김치 등을 종종 보내준다.

또 대뜸 전화해서 좋은 곡이 있으니 들어보라고 했던 연세가 지긋한 한 분은 거의 일주일에 한 번씩 문자로 기도 제목을 말하라고 한다. 목회 일선에서 은퇴하고 기도하는 일이 본인의 사명이니 기도해주겠다고. 처음에는 조금 불편했지만 지금은 좋은 친구가 된 경우가 일일이 다 쓸 수 없을 정도로 많다. 내가 귀찮게 생각하여 차단했다면 이어지지 못했을 관계들이다.

열 번의 상처를 이겨내어 한 명의 진정한 친구를 얻을 수 있다면 참 의미 있는 일이다. 물론 내 경우를 생각해보면 한 명의 친구를 얻기까지 한두 번의 상처면 족했다. 보통 우리는 상대가 자신을 귀찮게 하거나 무시했다고 생각하면 마음의 문을 닫고 등을 돌린다. 바로 '차가운 나'가 된다.

'따뜻한 나'가 될 때 사람들은 온기를 느끼며 내게 다가온다.
사귐이란 그 사람의 모습을 그대로 인정해주고,
주의 깊게 바라보고 경청하며 따뜻한 말을 건넬 때 가능하다.

하지만 그런 상태에서는 사귐이 있을 수 없다. 우리 스스로가 '따뜻한 나'가 될 때 사람들은 온기를 느끼며 내게 다가온다. 사귐이란 그 사람의 모습을 그대로 인정해주고, 주의 깊게 바라보고 경청하며 따뜻한 말을 건넬 때 가능하다.

'노는 물'이나 '레벨' 같은 말은 잊어버려야 한다. 예수님과 제자들이 어디 사귈 만한 사이였던가! 창조주와 어부, 창조주와 세리는 또 어떤가, 그런 그들을 향해 예수님이 "내가 너희를 친구라 하였노니"(요 15:15)라고 말씀하셨다.

예수님이 이들을 그저 받아들이셔서 그분이 세상을 떠나신 뒤에도 제자들이 목숨을 바쳐가며 복음을 전한 게 아닌가! 사귐을 위해서는 나를 내던져야 한다. 창조주 하나님께서 이 세상에 그분의 몸을 내던지신 것처럼 내 기호와 주장을 포기하고 나를 내던지면 더 많은 친구를 얻을 수 있다.

바쁜 이 시대에 내게 전화를 걸어 안부를 묻고, 시간을 내서 식사를 함께하고, 우체국에 가서서 물건을 포장해서 보내주고, 기도해주는 사람들. 여러 곳을 다니다보니 만나는 사람들이 다 나와 잘 맞을 수는 없지만 그래도 나는 일단 그들의 이마에 '천사'라고 써본다. 창세기 18장을 살펴보면 천사를 극진히 대접했던 아브라함의 모습을 볼 수 있다. 그는 그 정성으로 큰 복을 받아 누렸다. 내가 어디서도 공개하지 않은 비밀이 있다. 이름하여 "천사를 대하는 뽕짝목사의 8계명"이다.

1. 사람들의 이마에 천사라고 써 붙이기(나만 보이게)

2. 내 기호와 달라도 그 모습 그대로 인정하기

3. 바라보기

4. 침묵하며 주의 깊게 경청하기: 듣기 70 / 말하기 30

5. 할 수 있다면 억지스럽지 않게 웃겨주기

6. 마무리는 꼭 좋고 긍정적인 말을 하기

7. 먼저 한 번 더 연락하기, 멀지 않다면 직접 찾아가 만나기

8. 내 것을 먼저 내어주기

아직도 사람들과의 관계가 많이 서툴기에 노력하는 중이다. 그리고 그럴수록 내 삶이 풍성해지는 걸 확실히 느낀다. 일단 한번 해보라. 혹시 내 앞에 있는 그 사람이 진짜 하나님이 보내신 '천사'일 수도 있지 않은가!

내 사람은 없다

하루는 함께 동역하던 동생에게서 연락이 왔다. 늦은 밤인데 잠시 만날 수 있겠냐고. 내게는 정말 친동생 같은 존재였다. 우리 공동체 안에서 궂은일을 도맡아했고, 무엇보다도 믿음이 좋고, 나를 잘 따라주었다.

다소 어두운 표정으로 그가 입을 열었다. 직장을 옮기게 되어 앞으로 사역의 핵심적인 일들을 내려놓아야 한다고. 워낙 기존의 직장에서 좋은 처우를 받지 못했던 터라, 나는 밝게 웃으며 축하하고 축복해주었다. 그런데 한편으로는 염려와 걱정이 생겼다.

'좋은 일로 떠나는 건데, 왜 내 마음이 편치 않을까?'

생각해보니 비슷한 경우가 여러 번 있었다. 사람들이 내 곁을 떠날 때면 내 안에 그를 향한 축복보다는 아쉬움과 서운함이 더 컸다. 사람을 대하는 내 마음이 하나님 앞에서 올바르게 정리되지 않은 듯했다.

사역을 하다보면 정말 힘이 되어주는 동역자들을 만난다. 내 경우에도 수많은 사람들이 스쳐갔다. 때로는 그들에게 힘을 얻기도 하지만 상처를 받기도 했다. 입장을 바꾸어보면 내가 그들에게 상처가 되기도 했을 것이다. 뽕짝유랑단을 결성하기 전까지 나는 팀이 아닌 혼자서 사역을 했다. 때로 외롭기도 하고, 힘이 배로 들기도 했다.

하나님께서는 재정에 관해서는 더 말할 것도 없고, 사람들을 통해서도 나를 많이 훈련시키셨다. 사람에 대해 하나님께서 내게 주신 마음은 세 가지였다. "내 사람은 없다"와 "사람은 바람이다"와 "사람은 사람이다"라는 거였다.

내 생각과 비전을 지지하며 내 일에 실제적인 도움이 되는 사람을 만나면 우리는 그를 '내 사람'이라고 생각하기 쉽다. 그러나 수

십 년을 키운 자식도 내 마음대로 되지 않는다고 하는데, 서로 다른 환경에서 살아온 타인이 매번 나와 같은 뜻과 생각일 수는 없다. 그런데도 우리는 그런 사람에게 맹목적인 신뢰를 표현하며 의지하곤 한다.

'아~, 그래도 이 사람만은, 이 친구만은….'

그러다 그로 인해 무너진다. 잊지 말자. 내 사람은 없다. 굳이 표현한다면 모두 '하나님의 사람'이다. 각자 무언가 심적이든 영적이든 물적이든 자신의 필요를 채우기 위해 함께하는 것이다. 나 때문에 그가 애쓰고 수고한다고 생각하면 오래가지 못한다. 그래서 함께하는 동안 그가 '나'를 사랑하는 게 아니라, '하나님'을 더 사랑하게 해야 한다. '나'를 따라오게 하는 게 아니라 '하나님'을 따르도록 노력해야 한다.

믿었던 사람이 내 생각에 동조하지 않는다고 서운하고 분노하는 마음이 든다면 그를 향한 내 태도를 점검해봐야 한다. 그를 혹시 '내 사람'이라고 생각하지 않는가? 그렇다면 그를 빨리 하나님께 돌려드리는 게 좋다.

사역 가운데 만난 사람들은 처음에는 다들 은혜와 사랑으로, 하나님의 뜻이라고 말하며 좋은 관계를 맺는다. 그러나 이내 자신이 기대했던 것과 다른 모습이 나타나면 그로 인해 상처받고 바로 등을 돌린다. 나 역시 사역을 하면서 수없이 겪었다. 그래서 요즘은 관계에 대해 많이 신중해졌다. 그리고 항상 주변에 모여드는 사람들을 대할 때면 명심하고 또 명심한다. 그 사람은 내 사람이 아니라는 걸.

내 사람이 아니기에 언제든 떠나보낼 준비를 해야 한다. 그렇지 않으면 막상 그 상황에서 그를 축복하며 보내는 게 쉽지 않다. 내 사람이 아니기에 언젠가 바람처럼 떠날 걸 기억하고, 후회가 남지 않도록 아낌없이 사랑해주어야 한다. 바람은 머문 곳의 향기를 머금고 가기 때문이다.

또 하나는 "내 사역이 사람에 기반을 두고 있는가"를 고민해봐야 한다. 그런 사역은 사람이 떠나면 중심을 잃는다. 주변에서 그런 모습들을 많이 보았다. 물론 홀로 사역할 수는 없다. 연합하고 동역하면서 하나님의 뜻을 이뤄간다. 그럼에도 사람에 의지하기보다는 그 뜻을 이뤄가시는 하나님께 의지하는 게 옳다. 때로 사역자들이 하나님의 인도하심과 역사하심을 의지하기보다는 주변 사람들을 더 의지하는 것 같아 안타까운 마음이 들 때가 있다.

바로 어제 했던 말도 자신이 조금 불리해진다 싶으면 오늘 바꿀 수 있는 게 사람이다. 바람은 이쪽으로 부는 듯하다가도 저쪽으로 분다. 사람은 우리가 닻을 내리기에는 정말 연약한 존재다.

우리는 신앙적인 선배를 만날 때 그가 흠이 없고 한없이 인자할 거라고 생각한다. 그러나 모두 그렇지는 않다. 흠이 있고 부족하지만 하나님의 은혜로 살아가는 사람들이다. 사람은 사랑의 대상이지 신뢰의 대상이 아니다.

존경했던 사람들이 어느 날 의외의 모습을 보여주기도 하고, 정말 신실하고 믿음생활을 잘하는 것 같은 동생들과 제자들의 좋지 않은 소식을 접할 때가 있다. 수없이 확인하고도 믿음이 안 가는 말들도 있다. 다른 누구를 봐서가 아니라 나 자신을 봐도 그렇다. 참으로 약하고 약한 게 사람이기에. 사람은 그저 사람일 뿐 완벽할 수 없다. 그래서 죄를 짓고 넘어지고 위기가 닥치면 의외의 행동을 한다.

믿음의 조상인 아브라함은 애굽으로 내려갈 때 자신이 죽을까 봐 두려워서 아내를 누이라고 거짓말을 했고, 하나님의 마음에 합한 자인 다윗은 간음을 행한 뒤 자신의 죄를 덮기 위해 충직한 부하를 죽음으로 내몰기도 한다. 그토록 사랑한다던 예수님을 세 번이나 부인했던 베드로는 또 어떤가!

사람에 대한 내 생각을 바꾸고 나니 사람으로 인해 실망하고 사역에 지장을 받는 일이 점점 사라졌다. 아직도 사람 때문에 힘들다면 잊지 말자.

"내 사람은 없다! 사람은 바람이다! 사람은 사람이다!"

매너가 사람을 만든다

아내와 나는 영화 보기를 즐기는 편이다. 목회자 가정이다보니 사람들을 만나서 차를 마시거나 영화를 보거나 장을 같이 보는 게 데이트다. 최근에 영화 〈킹스맨〉을 봤다. 내용은 기억이 잘 나지 않는데 대사 한 구절이 머릿속에 남았다.

"매너가 사람을 만든다(Manner makes man)."

교회의 젊은 청년들의 안타까운 모습 중 하나가 지나친 겸손이다. 겸손한 모습이 마치 나약하고 힘이 없어 보이는 거라고 생각하는 듯하다. 이들과 이야기를 나누다보면 '이 사람이 내게 무슨 죄라도 지었나' 하는 생각이 들 정도다. 젊은이들은 당당하고 힘찬 모습을 보여주는 게 좋다.

가끔 학교 후배나 찬양 사역에 비전이 있다며 조언을 구하는 청년들이 있다. 그런데 눈을 제대로 맞추지 못하고 손으로는 다른 행동을 하면서 연신 고개를 숙인다. 사람을 뚫어져라 쳐다보는 것도 매너는 아니지만, 그의 이야기에 집중하고 있다는 신호로 부담스럽지 않은 선에서 눈을 맞추고, 그에 맞게 대꾸도 하며 대화를 이어가는 것도 매우 중요하다.

또한 자신을 낮추다 못해 신세 한탄과 연민을 유도하는 사람들도 있다. 이런 모습이 필요할 때도 있겠지만 되도록이면 긍정적이고 밝은 모습을 보여주는 게 좋다. 크리스천들은 늘 당당하고 멋있어야 한다. 비록 고난의 시기이고 어려움의 골짜기를 지나는 때라도 환한 미소를 보여주며 잘되고 있다고 말하는 것이다. 자신의 처지를 비관하며 한탄만 하는 사람과 함께 있고 싶어 하는 사람은 없다. 무언가 잘되는 것 같고, 좋아질 것 같은 사람과 함께 있고 싶어 한다.

"잘되고 있습니다. 왜 잘되나 했더니 하나님의 은혜인 듯합니다."

이렇게 멋지게 말하는 것도 믿음이다. 가끔 보면 말을 끝맺지 못하고 얼버무리거나 자신의 대화에 심취한 나머지 흥분하는 경우가 있다. 가급적 말은 잘 매듭지어나가면서도 상대방이 말하려고 하지는 않는지 살피며 대화의 완급을 조절해나가는 게 좋은 매너다.

만남이 있으면 헤어짐이 있다. 그런데 때로는 헤어짐으로 서로가 서먹하게 되는 경우가 있다. 한쪽의 요청을 다른 한쪽이 거절하는 경우다. 그러나 매너의 완성은 이 거절을 어떻게 받아들이느냐에 있다.

집회 문의가 많아 본의 아니게 많은 제안을 거절할 수밖에 없었다. 그러나 대부분은 거절을 당하면 이에 대해서 이렇다 할 답을 하지 않는다. 다들 이유가 있겠지만 이것은 사람 사이에 바른 매너가 아닌 것 같다. 때로는 연륜이 있는 목사님들도 아무런 회신 없이 마무리를 짓는다. 거절한 사람 입장에서는 '이 일이 아니면 나와 관계를 이어갈 이유가 없구나'라는 생각이 든다.

거절은 제안한 사람에 대한 게 아니다. 설령 그렇다고 해도 사람에 대한 거절이 아닌 상황에 대한 거절로만 받아들이는 게 서로에게 좋다.

'정말 그럴 만한 사정이 있어서 거절한 것이지, 나라는 사람을 거절한 게 아니구나.'

요즘은 SNS나 문자, 그리고 메신저에 대화의 기록이 남는다. 굳이 그 상황을 기억하고 싶지 않더라도 다시 연락이 닿으면 이전에 어떻게 마무리가 된 사이인지 금세 알 수 있다.

"아, 그러시군요. 잘 알겠습니다. 다음번에 꼭 만나길 소망합니다. 늘 응원하겠습니다."

이런 식으로 마무리가 잘 되었다면 다시 연락을 주고받는 게 어렵지 않다. 그러나 회신 없이 끝나면 이후에 관계를 이어나가는 게 쉽지 않다.

거절감을 잘 다룰 때 우리는 한 단계 더 성장할 수 있다. 상대방이 거절할 때 내 마음에 분노가 일어난다면 연습과 훈련이 필요하다. 상대방이 거절할 수밖에 없는 상황들을 내 머릿속에 떠올려보고, 최선을 다해서 그의 상황을 이해하고 배려하고 노력해야 한다. 진심으로 상대방의 말을 듣고 믿어주는 연습이 필요한데 대부분은 상대방이 내 말을 거절했다는 이유로 더 이상의 소통을 거부하는 경우가 많다.

특별히 사역 공동체의 리더이거나 목회의 비전이 있는 사람들이라면 거절감에 대해 더 잘 다뤄야만 한다. 기적과 이적을 일으키시며 사람들에게 최고의 인기를 누리시던 예수님도 가다라 지방에서 귀신들을 돼지 떼의 몸에 들여보내시고, 그 지방 사람들에게 쫓겨나셨다. 예수님도 거절당하신 것이다. 사람의 성품이 위기 속에서 더 빛나는 것처럼 크리스천의 성품도 거절당했을 때 더 빛을 발해야 한다. 그 사람이 어떤 인격의 사람인지 알아보려면, "제안이나 부탁을 거절해보면 알 수 있다"라고 말해주고 싶다.

매너에 대한 이야기를 나누자니 제자들의 발을 씻겨주시던 예수님의 모습이 떠오른다. 이스라엘에는 자신들의 집에 손님이 오면 발을 씻어주는 게 예의였다. 유월절 전날, 당신의 죽음이 얼마 남지 않았다는 걸 아신 예수님은 마지막으로 제자들과 함께 식사를 하셨다. 예수님의 말씀대로 성 안에 있는 아무에게나 가서 유월절을 지킬 곳을 준비했다(마 26:18). 날이 저물어 식사를 함께 나눌 때 그 누구도 그들의 발을 씻어주지 않았다.

급히 준비된 자리여서일 수도 있고, 그 집의 주인이 예수님과 제자들에게 예를 다 갖출 필요가 없다고 생각했을 수도 있다. 제자들 역시 가장 신분이 낮은 종이 하는 일을 나서서 하려고 하지 않았다. 그때 예수님이 겉옷을 벗어 허리춤에 두르고 제자들의 발을 씻어주셨다. 그분 스스로 제자들에게 예를 갖추신 것이다.

크리스천들이 좋은 매너, 즉 이런 태도를 가지고 살면 좋겠다. 사실 이는 꾸준한 훈련이 필요한 부분이다. 쓸데없는 율법에 얽매이라는 게 아니라 기독교 안에 있는 사랑과 은혜를 기품 있고 우아하게 드러내주었으면 좋겠다.

사랑이란 건 믿음이란 건

한창 밴드를 하는 친구들과 함께 활동하던 시절에 썼던 〈사랑이란 건〉이라는 노래가 있다. 개인적으로 이 노래를 정말 좋아해서 공연할 때면 애창했다. '사랑'에 대한 나름의 내 생각과 철학을 담은 곡이다.

사랑이란 건 순간의 감정 아니죠
사랑이란 건 어떤 느낌이 아니죠
사랑이란 건 말로는 표현 못해요
한 곡의 노래에 담을 수 있는 게 아니죠

주님을 사랑하는 맘이
한 곡의 노래가 아닌
순간의 감정이 아닌
매일매일의 삶에 드러나길

주님을 사랑하는 맘이
한 번의 고백이 아닌
순간의 열정이 아닌
매일매일의 삶에 그려지길…

-싱글 음반, 〈구전도사 & 더 밴드〉 수록

처음 사랑하는 사람을 만나면 눈에서 불꽃이 일어난다. 심장이 두근거리고 그 사람을 생각하는 것만으로도 좋다. 이런 사랑은 단순히 정서적인 문제라기보다는 화학적인 작용이기도 하다. '사랑의 콩깍지'라는 애칭으로 불리는 세로토닌과 도파민이 분비되기 때문인데, 특히 세로토닌은 우리를 사랑 앞에서 눈멀게 만들 수도 있다. 그러나 유효 기간이 길어야 3년이다. 이 시기가 지나면 뜨거운 사랑으로 살아가는 게 아닌 정(情)으로 살아가는 때가 온다고 한다.

그런데 이는 우리의 신앙생활에도 적용된다. 처음 하나님을 믿고 은혜에 감동하면 정말 모든 게 감사하고 행복하고 기쁘다. 하나님을 향해 사랑의 콩깍지가 씌인다. 그러나 시간이 지나면 감정은 무뎌진다. 목사라는 신분으로 다양한 자리에 가면 정말 믿음이 뜨거웠던 사람들을 많이 만난다. 그러나 이런저런 이유로 주님의 품을 떠나 신앙생활이 아련한 추억이 된 이들이 참 많다.

심리학자인 로버트 스턴버그(Robert Sternberg)는 사랑을 구성하는 요소로 '친밀감'과 '열정'과 '책임감'을 들었다. 친밀감이 어느 정도 가까워졌다면 더 가까워질 수 없는 때가 온다고 한다. 열정도 식기 마련이다. 그때부터는 서로에 대한 책임감으로 관계가 이루어지는 단계, 어떤 감정을 넘어서서 서로 버텨주고 지지해주는 정서적인 후원이 필요한 때가 온다는 것이다.

내가 지었지만 노랫말을 들으면 들을수록 좋다. 사랑은 순간의 감정이 아니라 매일의 삶에 그려지는 거라고. 일 년 후에 이에 대한

답가로 믿음에 대한 노래를 썼다. 〈믿음은 감정이 아니다〉라는 뮤직비디오와 함께 발표했는데 반응이 뜨거웠다.

민음은 감정이 아닌

민음은 느낌이 아닌

민음은 습관이라고

나의 매일의 삶에

하나님께 드려지는

1분 1초라고…

믿음에 대한 내 성찰을 담았다. 믿음을 주님을 향한 사랑이라고 본다면 이 역시도 '버티기'가 중요하다. 우리에게도 하나님과의 관계 속에서도 믿음으로 감정과 환경에 흔들리지 않고 우직하게 버텨 나가는 게 필요하다. 결국 믿음생활도 사랑처럼 책임감이 필요하다. 믿음 역시 한 번의 노래로 드러나는 게 아니다. 순간의 감정도 아니다.

순간의 감정과 고백을 지지하고 버텨내는 매일의 내 삶이 바로 주님을 향한 믿음이고 사랑이다. 때로 신앙생활을 하다보면 어둔 골짜기를 지날 때도 있고, 정체기가 찾아오기도 한다. 성경 속에 나오는 믿음의 영웅들도 예외는 아니다. 심지어 하나님 앞에 원망하는 이들도 있었다. 그러나 이내 그 상황을 믿음으로 버텨낸다.

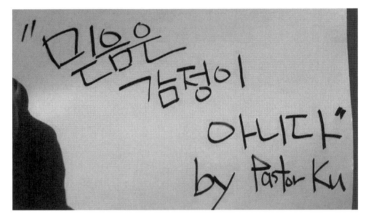

"믿음은 감정이 아니다" by Pastor Ku

믿음을 주님을 향한 사랑이라고 본다면
이 역시도 '버티기'가 중요하다.
우리에게도 하나님과의 관계 속에서도 믿음으로 감정과
환경에 흔들리지 않고 우직하게 버텨나가는 게 필요하다.

차라리 고난은 나을 수 있다. 그 속에서 더 기도하며 감사의 제목을 찾을 수 있기 때문이다. 오히려 무료한 일상이 문제다. 성경 이야기는 매 순간 긴박한 상황들만을 보여주는 영화의 홍보 영상과 같다. 우리가 아브라함과 이삭과 야곱의 일상을 살펴볼 수 없고, 예수님과 바울의 생애를 우리가 다 추적해볼 수 없는 것처럼 말이다. 성경에는 핵심적인 사건들만 기록되어 있다. 기적적이고 엄청난 사건들도 있었을 테지만, 무료하고 지루한 시간들이 훨씬 더 많았을 것이다.

하나님의 사람들은 그 시간을 매일 믿음으로 버텨내며 신앙을 지키고 사명을 감당했을 것이다. 이것이 바로 신앙생활이다. 무언가 대단한 것을 기대하는 마음을 좀 내려두자. 기적과 치유에 너무 집중하지도 말자. 기적은 하나님이 허락하신 깜짝 선물과 같아서 그것을 주신 하나님보다 그것에 더 관심을 갖게 만들기도 한다.

죽었다가 다시 살아난다 해도 이 세상에서 조금 더 살게 될 뿐이다. 병 고침을 받는다고 영원히 사는 사람은 없다. 베풀어주시고 고쳐주시면 감사하고, 그게 아니라도 감사할 수 있어야 한다. 그저 하나님과 보내는 매일을 감사하며 기쁜 마음으로 잘 감당하자. 때로 그 여정 위에 십자가가 놓여 있다면 주저하지 말고 짊어지자. 지루하고 힘든 여정이라도 주님 앞에 서지 말고 뒤에 서서 걸어가자.

사역자들은 공감하겠지만 내 경우에 찬양 사역을 하다보면 무대에 서는 시간보다 그 아래에서 준비하는 시간이 더 많다. 이를 위해 준비하고 기도하는 매일의 일상이 중요하다. 사랑도 믿음도 바로 매일 하나님께 드려지는 1분 1초이다.

나그네 인생

내가 가장 감당하기 어려운 집회가 철야예배다. 생활 리듬이 부득이 새벽형인지라 저녁 9-10시 정도가 되면 잠자리에 들어야 하는데, 철야집회는 대부분 저녁 9시나 되어서야 시작한다. 그래서 철야집회가 있을 때는 가능하면 오후에는 집에서 쉰다. 그렇지 않으면 집회에 영향이 있기에 서너 시간 정도는 잠시 눈을 붙인다.

그러나 먼 지방으로 떠날 때면 그것도 쉽지 않다. 울산에서 집회가 있어 기차를 이용해서 가는 길이었다. 오전에는 나름 공부도 하고 볼일도 있어서 기차를 타고 가는 길에 휴식을 취할 생각이었다. 그런데 하필이면 내가 탄 기차에 어린아이들을 동반한 부부가 함께 탑승했다. 그런데 아이들이 매우 소란스러웠다. 애들끼리 싸우고 뛰어다니며 소리를 질렀다.

눈을 감고 좀 쉬려고 하면 시끄럽게 떠드는 소리 때문에 그 아이들이 미워졌다. 이리저리 몸을 뒤척이고 이어폰으로 귀를 막아도 잠을 잘 수가 없었다. 그러자 내 마음 속에 원망과 화가 몰아쳤다.

크리스천에게 원망은 상황과 사람을 향한 것일 수 없다. 그건 모두 하나님을 향한 것이다. 나도 그런 상황에 나를 던져두신 하나님께 대한 서운함이 더 컸는지도 모르겠다.

'아니, 하나님의 뽕짝가수가 집회를 인도하러 기차를 타고 가는데 특실로 업그레이드는 못해주실 망정 이런 소란한 가운데 나를 던져두시다니!'

애써 마음을 추스르며 울산역에 내려 집회를 하게 될 교회에 도착했다. 그날 밤에 내가 우려했던 바와는 달리 은혜롭게 집회를 잘 마치고, 분에 넘치는 대접을 받았다.

다음 날 올라오는 기차를 탔다. 평일 오전이어서인지 기차 안은 유난히 조용하고 아늑했다. 어제의 화와 미움과 원망은 자연스럽게 녹아 없어졌다. 생각해보니 내가 참 유치하다는 생각이 들었다. 떠드는 아이들 때문에 눈을 좀 못 붙였다고 다른 사람들을, 그것도 아이들을 미워하고 원망하는 목사라니!

니느웨에서 하나님의 말씀을 선포하라는 것을 못마땅하게 여긴 요나를 깨우쳐주기 위해 하나님께서 박 넝쿨을 사용하신 말씀이 떠올랐다. 그늘 아래에 앉아 성읍에서 일어나는 일을 지켜보던 요나가 머리 위에 그늘이 되어주는 박 넝쿨이 있어 크게 기뻐했으나 다음 날은 벌레가 넝쿨을 갉아먹어 시들자 자기를 죽여달라고 하나님께 성을 냈다. 바로 내 모습이었다. 기차 안에서 쉬지 못했다고 다른 사람을 미워하고 하나님을 원망하는….

짐을 들고 역마다 타고 내리는 사람들을 보니 다 기차 위의 나그네들이었다.

'기차로 길어야 네다섯 시간 동안 가다가 다 자기의 갈 곳으로 가는 게 인생인데, 나그네가 나그네인 줄 모르고 사는구나.'

나그네 나그네야

잠시 머물다 갈

나그네 나그네야

흙으로 돌아갈

어차피 잠시 머물다 갈

나그네 인생길

쿨하고 폼나게 살다가

–4집 〈약장수 구자역〉 수록

머릿속에 떠오른 가사를 적으며 흥얼거리다 〈나그네 인생〉을 쓰게 되었다. 한 왕이 반지 세공사에게 "나를 교만하지도 않고 절망하지도 않게 하는 글귀를 반지에 새겨 달라"라고 해서 새긴 글귀가 '이 또한 지나가리라'란다. 내게는 이런 의미의 글귀가 바로 '우리네 인생, 나그네 인생'이다.

잘 산다고 자만할 필요도, 못 산다고 절망할 필요도 없다. 어차피 나그네 인생길인 것을 폼나게 살다가는 인생을 살고 싶다.

아름다운 마무리

많은 사람들이 내게 기도 제목이 뭐냐고 물어본다. 그럴 때마다 난 한 가지만 말한다.

"끝까지 좋은 사람이 되게 해주세요."

이것이 정말 중요하다. 처음에 시작을 잘 했다가도 좋지 않게 마무리하는 사람들이 성경 속에도 많이 나온다.

이스라엘의 초대 왕으로 기름부음을 받았으나 다윗을 향한 질투에 눈이 멀고 불순종함으로 좋지 않은 마무리를 하게 된 사울, 사사들 중에서 가장 화려하게 등장하나 정욕으로 인해 처참하게 인생을 마무리한 삼손 등 마무리를 아름답게 짓지 못해 우리의 눈살을 찌푸리게 하는 모습들을 오늘날 우리 주변에서도 본다.

그럴 때마다 나는 내 10년 후나 20년 후의 모습을 상상해본다. 나는 어떤 삶을 살아갈 수 있을까? 언제 천국으로 가게 될지 모르는 삶이지만 사무엘과 다니엘과 바울처럼 처음의 아름다운 모습과 열정이 노년까지 변치 않고 남았으면 좋겠다.

또 하나의 작은 바람은 어떤 모습으로 은퇴하든 마지막에는 모세나 여호수아나 사무엘이나 바울처럼 멋진 마지막 고별 설교를 남기고 싶다. 바울은 밀레도에서 이런 설교를 남겼다.

"여러분, 내가 아시아에 들어온 첫날부터 지금까지 내가 항상 여러분 가운데서 어떻게 행하였는지를 여러분도 잘 아실 겁니다. 곧 모든 겸손과 눈물이며 유대인의 간계로 말미암아 당한 시험을 참고 주를 섬긴 것과 유익한 것은 무엇이든지 공중 앞에서나 각 집에서나 거리낌이 없이 여러분에게 전하여 가르치고 유대인과 헬라인에게 하나님께 대한 회개와 우리 주 예수 그리스도께 대한 믿음을 증언한 것입니다.

이제 전 성령님의 인도하심을 받아 예루살렘으로 가는데, 거기서 무슨 일을 당할지는 모릅니다. 다만 결박과 환난이 있을 것 같습니다. 그러나 주님의 사명을 감당함에 있어서 나는 제 생명도 아끼지 않겠습니다. 제가 어떤 사람의 은이나 금이나 의복을 탐하지 않았지요? 이 손으로 저와 제 동행들이 쓴 것을 충당했습니다. 범사에 여러분에게 모본을 보여준 바와 같이 수고하여 약한 사람들을 도왔습니다.

여러분 기억하십시오. 제가 범사에 모본을 보여드렸습니다. 수고하여 약한 사람들을 도와드리세요. 주는 것이 받는 것보다 복이 있다는 것을 기억하세요"(행 20:17-35 참조).

바울의 사역의 여정에 탐심이 없이 가난하고 약한 사람들을 도왔기에 다른 이들에게 자기를 본받아 사랑을 베풀라고 가르쳤다. 그리고 그가 일궈놓은 모든 걸 뒤로하고 심지어 결박과 환난이 기다리는 예루살렘으로 떠나며 복음을 전하는 일에는 자신의 생명조차 귀한 것으로 여기지 않겠다고 선포한다.

사역의 마지막을 이렇게 마무리할 수 있다면 정말 아름답지 않을까? 사람에게 가장 중요한 게 마무리라고 생각한다. 그래서 내게 기도 제목을 물으면, "마무리를 잘하는 것"이라고 말한다. 혹시 이 글을 보면서 부족한 뽕짝가수를 위해 기도하고픈 마음이 든다면 이렇게 기도해주기를 부탁드린다.

"구자억 목사가 사역의 마무리를 잘하게 해주세요."

그의 이름의 영광을 찬양하고

영화롭게 찬송할지어다

온 땅이 주께 경배하고 주를 노래하며

주의 이름을 노래하리이다 할지어다 (시 66:2, 4)

내 영광을
위해
노래하라

06

하나님 멋대로
사는 삶

내가 불이 되리라

부흥 집회에서 강사 목사님이 가장 많이 하는 설교가 무얼까? 내 기억으로는 하늘에서 기도로 불을 내리는 엘리야의 이야기가 아닐까 싶다. 나도 이 말씀을 좋아해서 노래로 만들기도 했다. 〈내가 불이 되리라〉라는 곡이다.

내가 불이 되리라 세상을 사르는 불

온 세상이 보게 되리

야훼의 역사하심

내가 불이 되리라 세상을 태우는 불

온 세상이 알게 되리

야훼의 살아 계심

나는 불!

−2.5집 〈물 한 잔〉 수록

아합왕이 이스라엘을 다스리던 때에 이스라엘 백성들의 대부분이 야훼의 신앙, 즉 하나님에게서 돌아섰다. 왕도 우상을 섬기는 이방 여왕인 이세벨과 결혼하여 백성들에게 우상숭배를 강요했다.

하나님께서는 이런 시대를 뒤집을 만한 사람을 준비하고 계셨는데, 그가 바로 혜성처럼 등장한, 길르앗에 우거하는 자 중 디셉 사람인 엘리야다. 사실 그에 대해 잘 알려진 바도 없을 뿐더러 길르앗이라는 지역에 대한 성경학자들의 의견도 분분하다.

우리말로 하면 "경기도 어디쯤 사는, 충청도 사람 누구"라고 뭉뚱그려서 설명한 것이다. 성경의 다른 인물들에 비해 등장이 소박하다 못해 급작스럽다는 생각마저 든다.

엘리야는 아합왕을 만나 이스라엘의 가뭄을 예언했고, 그것이 실현되어 온 이스라엘이 고난을 겪게 된다. 3년 만에 다시 아합왕을 만난 엘리야는 기도로 결판을 내자고 제안한다. 바알의 선지자 450명과 아세라의 선지자 400명, 총 850명이 엘리야와 갈멜산에서 경합을 벌인다. 기도를 해서 제단 위에 불이 내리는 쪽이 승리하는 것이다(왕상 18:18-40).

먼저 바알을 섬기는 선지자들이 오전 내내 기도하면서 부르짖었으나 불은 내리지 않았다. 엘리야는 무너진 여호와의 제단을 수축하고, 야곱의 아들들의 지파 수대로 돌 열둘을 취한 후에 제단을 쌓았다. 이 위에 나무를 벌이고 제물을 올려두고 물을 부었다. 그것도 세 번이나! 하나님의 역사하심을 보다 더 분명하게 바알신과 야

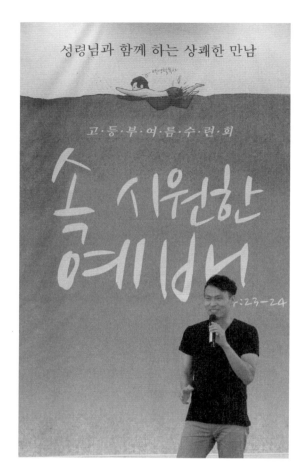

우리 각자가 세상 속에서 하나님의 불이 되어서 살아가야 한다.
다들 하나님을 떠나고 부인하며 살아간다고 해도
우리 때문에 하나님을 부인할 수 없도록 해야 한다.
"저 사람을 보면 진짜 하나님이 살아 계신 것 같아!"

훼 사이에서 머뭇거리는 이스라엘 백성들에게 보여주고 싶었던 것 같다. 제단에 물이 흥건하게 흘러내릴 정도가 되자 엘리야가 하나님께 간절히 기도했다.

여호와여 내게 응답하소서 이 백성에게 주 여호와는 하나님이신 것과 주는 그들의 마음을 되돌이키심을 알게 하옵소서 왕상 18:37

하늘에서 불이 내려왔고, 모든 이스라엘 백성들이 "여호와 그는 하나님이시로다. 여호와 그는 하나님이시로다"(39절)라고 고백했다.

대부분의 부흥 강사들은 "불이 내려오게 기도하라"라고 기도하면 불가능한 일은 없다고 말한다. 그러나 이 본문이 전하는 바는 그보다 더 깊다. 단순히 불을 내려달라는 말이 아니다. 성경 말씀은 오늘날을 살아가는 성도들에게 주시는 살아 계신 말씀이다.

당시 모든 이스라엘 백성들이 하나님을 떠났다. 그러나 그들이 엘리야가 보여준 불을 보고 다시 하나님을 인정했다. "하나님을 믿고 사는 우리가 하나님의 부인할 수 없는 증거는 바로 불이 되어 살아가는 것", 이것이 본문이 전하고자 하는 메시지다.

우리 각자가 세상 속에서 하나님의 불이 되어서 살아가야 한다. 다들 하나님을 떠나고 부인하며 살아간다고 해도 우리 때문에 하나님을 부인할 수 없도록 해야 한다.

"저 사람을 보면 진짜 하나님이 살아 계신 것 같아!"

이런 고백이 세상과 하나님 사이에서 방향을 못 잡고 있거나 하나님을 등진 사람들의 입에서 터져나오게 하라는 것이다. 기도 중에 뜨거운 불을 받고 은혜를 받는 것도 좋지만, 하나님의 말씀이 부어져 우리의 삶이 새로워지고 변화되는 것만큼 큰 역사가 있을까.

누가 더 선명히 보이는가

얼마 전 내 SNS를 과거부터 훑어보았는데, 감사하게도 긍정적이고 좋은 이야기들이 많았고, 우울하거나 남을 비판하는 내용은 거의 찾아볼 수 없었다. 이 공간을 통해 비판을 많이 받아왔던 사역의 여정을 생각해보면 감사한 일이 아닐 수 없다.

처음 트로트찬양 사역을 시작하여 오디션 프로그램에 나가고, 대중 트로트 음반을 내고 활동하는 지금까지 내 사역의 방향이 마음에 들지 않는 사람들이 많은 것 같다. 요즘은 많이 줄어서 한 주에 두세 통의 비판적인 어조의 메시지를 받는다고 한다.

"받는다고 한다"라고 표현하는 이유는 내가 보기 전에 부득이 심의를 한 번 거치기 때문이다. 대부분의 비판은 흘려보내거나 되도록 직접 접하지 않으려고 한다. 함께 동역하는 스태프들이 내 SNS나 웹페이지 등을 관리하며 순화를 거쳐 내게 건설적이고 발전적인 조언으로 전해준다. 처음에 이런 체계가 없었을 때는 마음고생을 참 많이 했다.

그래서 비판적이거나 훈계조로 말하는 사람들과는 되도록 이야기를 나누지 않는다. 그들이 미워서가 아니라 그것에 쏟는 내 시간과 에너지가 아깝기 때문이다. 그렇다고 다른 사람의 말에 전혀 귀를 기울이지 않는 건 아니다. 내가 주의 깊게 듣는 건 '건설적인 제안'이다. 이 둘은 어조도 다르고, 그 속에서 나오는 의도 또한 다르다.

가끔 예수님이 바리새인이나 서기관들이 무안할 정도로 쏘아붙이실 때가 있는데, 그 마음의 의도를 아시기 때문이었다. 비판적인 소리나 훈계에 마음을 쏟는 시간에 나를 위해 응원해주시는 분들을 위해 기도하는 게 더 낫다는 생각이 든다. 비판과 지적을 하는 사람들의 90퍼센트 이상은 그저 어디에선가 잠시 본 영상이나 전해들은 말로 그렇게 말한다.

정말 다른 사람의 입장이 되어 보지 않은 사람들은 그런 말을 할 수 없다. 때로는 나와 논쟁을 벌이기를 원하는지 끈질기게 직접 대화하고자 하는데, 그런 사람들에게만큼은 난 세상에서 제일 바쁜 사람이다. 비판적인 사람들에게 쏟을 에너지와 시간이 없기 때문이다. 응원해주고 기도해주는 분들께 감사와 안부를 전하기도 바쁜데 언제 그런 사람들까지 챙기겠는가.

앞으로 어떻게 하는지 지켜보겠노라고 하는 사람들도 있는데 내 사역은 그들의 시선과는 무관하다. 내게는 하나님의 눈앞에서 어떻게 펼쳐질지가 가장 중요하기 때문이다. 다만 내 사역의 모든 내막

을 알고 있는 팬들과 초창기부터 내 사역을 지지해주는 선배 목사
님들의 한마디는 크다. 진정으로 이 사역을 아끼고 응원해주는 분
들이라 각별히 신경을 쓴다. 내가 바르게 가고 있는지 혹시 변질된
부분은 없는지 그들에게 늘 묻고 기도를 부탁한다.

하지만 기억하자! 결국 '사람'은 '사람들'을 만족시킬 수 없다. 예
수님에게서 얻을 게 있을 때는 몰려들다가도 그분이 조금이라도 듣
기 싫은 말씀을 하면 낭떠러지로 끌고 올라가 밀어 죽이려고 하는
게 바로 '사람들'이다. "호산나 다윗의 자손 예수여"라고 소리치다
가도 자신의 기대가 채워지지 않으면 십자가에 못 박으라고 외치
는…. 우리는 참 교만하게도 예수님도 하지 못하셨던 사람들의 기
대를 채우려고 한다. 그러다보니 무슨 일이든 하기가 어렵고 주저
하게 되며 겁을 낸다.

내가 대중 음반을 내고 트로트가수로 활동하겠다고 하니 예상
했던 대로 쓴소리를 많이 들어야 했다. "구자억 목사 대중 트로트
가수 데뷔"라는 기사의 제목만 보고서 많은 말들을 했다. 그들이
목회자라 갈 수 없는 많은 곳들을 누비며 복음을 전하겠다는 내 마
음을 알아줄 리가 없다.

그저 보이는 현상이 자신의 마음에 들지 않으면 손가락질을 하며
비판하기에 바쁘다. 예수님도 환영받지 못한 나사렛에서는 이적을
베풀지 않고 돌아 나오셨다. 제자들을 보내시면서 복음을 받아들
이지 않는 곳에서는 발에 묻은 먼지조차도 털어내라고 하지 않으셨

던가!(눅 9:5).

사람 눈치보다는 하나님 눈치를 보는 사람이 되어야 한다. 사람 눈치를 보면 사람들을 위한 일을 하기 바쁘다. 하나님 눈치를 보는 사람이 그분의 일을 한다. 모세가 바로의 눈치를, 요셉이 보디발 아내의 눈치를, 다니엘이 당시 대신들의 눈치를 보았다고 생각해보라. 어떻게 하나님의 역사하심이 있었겠는가!

내가 처음 트로트찬양을 할 때도 대다수의 주변 사람들이 우려하고 염려했다. 그것이 무슨 찬양이 되겠냐고. 세 번째 음반까지 나오고 많은 교회에서 불리는 찬양이 된 것을 보면서 그들은 무슨 말을 할까. '사람들'의 생각은 '하나님'의 생각을 측량할 수 없다. 사람들에게는 기호가 있다. 그리고 그 기호가 편견을 만든다. 하나님이 옳다고 하셔도 '에이, 그건 하나님의 생각이고, 내 생각은 다른데…'라고 할 수 있는 게 바로 사람들이다.

내가 무엇을 해도 비판할 사람들은 비판할 것이다. 잘해도, 못해도, 잘하다 못해도, 못하다 잘해도 마찬가지다. 눈을 들어 하늘을 보라. 하나님의 생각보다 사람들의 생각을 크게 보았다면 결코 나올 수 없었을 게 트로트찬양이다. 내 앞으로의 길도 마찬가지다. 어디로 이끄시든 하나님께 초점이 머물러 있으면 된다.

사진 촬영에 '아웃 포커싱'(Out Focusing) 기법이 있다. 피사체에 초점을 맞추면 배경이 뿌옇게 번져서 나온다. 하나님을 선명하게 잡으면 다른 모든 게 흐리게 보인다. 큰 위기도 대수롭지 않게 여겨

지고, 사람들의 소란스러운 말도 들리지 않는다. 초점을 사람들에서 하나님께로 옮겨라. 지금 당신의 시야에는 누가 더 선명하게 보이는가?

감당케하심의 은혜

트로트찬양 사역을 하면서 내 의도는 늘 선했다. 한 번도 하나님 앞에 내 마음과 뜻을 악하게 둔 적이 없었다. 나는 선한 일을 한다고 생각하는데, 비판하는 사람들을 접하면 종종 마음이 서운하고 억울할 때가 있다. 때로 비수가 꽂힌 듯 아픈 마음으로 밤잠을 이루지 못하던 시절이 있었다.

그럴 때 느헤미야의 말씀을 읽으며 힘을 얻었다. 느헤미야는 유다의 포로기 시절에 바사국의 왕인 아닥사스다 왕을 섬기던 관원이었다. 비록 바사국의 궁에서 지내던 관리였지만 그의 마음속에는 늘 자신의 고향 유다에 대한 그리움이 있었다. 그는 왕의 허락을 얻어 조서(詔書)를 받아 고향으로 돌아가 성벽을 재건하는 일을 맡았다. 누가 봐도 정말 좋은 일인데도 안팎의 많은 반대에 부딪히게 된다.

예루살렘 성을 건축하여 다시 수치를 당하지 말자 _느 2:17_

이런 느헤미야의 모습이 당시 유다 땅에서 기득권을 잡고 살아가던 사람들에게는 큰 위협이었을 것이다. 그래서 그의 선한 일은 조롱과 반대를 몰고 온다. 이에 앞장섰던 대표적인 인물이 호론 사람 산발랏, 암몬 사람 도비야, 아라비아 사람 게셈이다. 이들은 느헤미야의 옆에서 끈질기게 그의 일을 방해하며 호시탐탐 그를 넘어뜨릴 계획을 세운다.

그러나 모든 위협과 역경을 이겨내고 느헤미야는 52일 만에 성벽을 재건하고, 12년이라는 긴 시간에 걸쳐 유다인들을 예루살렘으로 귀환시키는 작업을 해나간다. 성전 재건과 말씀 회복을 꾀한 에스라는 영적이고 정신적인 면에서, 성벽을 재건한 느헤미야는 정치적이고 군사적인 면에서 다시금 유다를 살아 숨쉬게 했다. 그 둘은 포로기 역사 속에서 매우 중요한 역할을 감당했다.

나는 느헤미야서를 보면서 의아했다.

'왜 하나님은 느헤미야의 옆에 산발랏과 도비야와 게셈을 허락하셨을까? 그에게 고난을 허락하신 이유가 뭘까?'

때로 하나님께서는 우리가 그분의 선한 뜻을 이루려고 할 때 우리에게 닥친 어려움을 그대로 두실 때가 있다. 당장 해결해주실 줄 알았는데, 그저 감당케만 하신다. 우리는 교회 안에서 종종 기적과 같은 놀라운 이야기를 듣는다. 기도했더니 큰 병이 낫고, 안 되던 취직이 되고, 없던 물질이 부어졌다는 하나님의 역사를 부인하고 싶은 생각은 없다.

그러나 교회 공동체 안에 여전히 질병으로 고통받고 있는 사람들, 취직이 안 되어 어려움을 겪고 있는 청년들, 넉넉하지 않은 상황 속에서 어렵게 살아가는 사람들이 여전히 많다. 그래서 개인의 주관적인 경험을 일반적인 것처럼 말하는 건 위험하다. 신앙생활에는 '해결해주심의 은혜'만 있는 게 아니라 '감당케하심의 은혜'가 더욱 많은 것 같다.

청소년 사역을 다니던 시절에 함께 음악을 하던 친구가 있었다. 그는 힘든 유학 시절을 보내며 모든 걸 다 포기하고 싶었던 때가 있었다고 한다. 답답한 마음에 오랫동안 가지 않던 교회에 가서 한 찬양을 듣게 되었다고 한다.

"해결해주실 줄 알았는데, 감당케만 하셨네."

그는 자신의 처지가 비관이 되어 하나님께 원망을 쏟아내려고 간 교회에서 그 찬양을 듣고 다시금 하나님 앞으로 돌아왔다고 했다. 그리고 그에게 허락하신 고난들이 하나님께서 자신을 다시 되돌리기 위해 허락하신 것임을 깨달았다고 고백했다. 그리고 자신처럼 좌절에 빠진 친구들을 만나면 그때의 이야기를 해주며 위로한다고 했다. 또 사람들에게 복음을 전할 수 있도록 자신만의 간증이 된 그 시절에 감사해했다.

사역을 하면서 많은 사람들의 아픔과 만난다. 정말 "하나님, 왜입니까"라는 물음이 절로 나오는 일들을 많이 듣고 본다. 단기 선교를 떠난 자녀를 하늘로 먼저 떠나보내기도 하고, 수련회에 가서 익사 사고로 아내를 잃기도 하고, 교인의 차에 치어 사랑하는 자녀를 잃기도 한다.

이런 이해할 수 없는 아픔에 대해 하나님께서는 회당장 야이로의 딸에게 하신 것처럼 달리다굼의 기적을 베풀지 않으셨다(막 5:41). 그저 감당하게만 하셨다. 내게 사랑하는 사람을 잃은 아픔을 말했던 대부분의 사람들은 그 고통 중에서도 하나님의 뜻을 찾았고, 그분의 마음을 더 깊이 알게 되었노라고 말했다. 감당케하심의 은혜는 수많은 기적을 행했던 사도 바울에게도 예외가 아니었다.

여러 계시를 받은 것이 지극히 크므로 너무 자만하지 않게 하시려고 내 육체에 가시 곧 사탄의 사자를 주셨으니 이는 나를 쳐서 너무 자만하지 않게 하려 하심이라 고후 12:7

사도 바울이 고통받았던 가시가 질병이거나 육체의 정욕일 거라고 성경학자들은 추측한다. 하지만 그게 무엇이든지 바울이 하나님 앞에 이것이 떠나가기를 세 번이나 간절히 기도한 걸 보면 그가 얼마나 큰 고통을 당했을지 가늠해볼 수 있다. 그러나 바울은 그것을 감당했고, 하나님께서 자신에게 허락하신 이유를 이해하고 받아들였다. 끊임없는 열정으로 선교 사역을 하며 이적과 기사를 많이 행하고, 기도하다가 신비로운 일을 많이 경험한 바울이었다.

그런 그의 고통을 하나님께서 해결해주시면 더 열심히 사역을 감당할 수 있었을 텐데, 해결해주시지 않으셨다. 더구나 바울은 그 은혜가 족하다고 고백한다(고후 12:9). 자만하지 않게 하기 위해, 약함 가운데서 온전하게 하시는 그리스도의 능력을 체험케 하기 위해서. 현재의 고통으로 인해 원망하지 않고, 감당하고 그 안에서 하나님의 뜻을 찾으려고 발버둥치는 그의 모습이 정말 아름답다.

크리스천은 여기까지 가야 한다. 하나님께서 가시를 뽑아 아물게 해주시면 해결해주심도 은혜지만, 그대로 두시면 감당케하심의 은혜다. 행여 누가 건드리기라도 하면 아프고 몸을 움직일 때마다 고통스럽지만 하나님께서 내게 필요해서 허락하신 가시이기 때문이다. 느헤미야뿐 아니라 예수님도 사도 바울도 그리고 내가 만났던 수많은 사람들도 다 그들의 가시를 감당하고 있었다. 인생의 고난과 어려움이 닥쳐올 때 이 기도를 기억하자.

"내게서 돌리소서. 그러나 내 뜻대로 마시고 아버지의 뜻대로 하소서."

하나님의 계획

사역을 하며 참 많은 사역자를 만났다. 대부분 사역에 대한 열정도 많고 본받을 부분들이 많았다. 여유가 있고 부드럽고 온화했다. 평탄한 길을 걷고 있는 지금에 대해서는 '하나님의 은혜'라고 말하고, 힘겨운 시절과 고난을 겪었던 날들은 그분이 주신 '연단의 시간'이었다고 했다.

나는 그들의 이야기를 들으며 그들의 인생의 주도권이 하나님께 있음을 느낄 수 있었다. 믿음생활도 오래하면 연륜이 쌓이는 것 같다. 그들을 보며 사람을 정말 힘 있게 하는 건 바로 나로부터 오는 게 아니라 위로부터 오는 것임을 느꼈다.

불과 몇 년 전만 해도 난 이 부분에 대해 믿음이 적었다. 내가 열심을 내고 열정을 다하면 되리라고 생각했고, 내 뜻대로 되지 않으면 하나님을 향한 원망도 서슴지 않았다.

"내가 하나님의 일을 하려는데 왜 제 앞길을 열어주지 않고, 도움의 손길도 주지 않으십니까?"

내 나름대로는 문화 사역이 참으로 중요한 부분이고, 많은 애정과 후원이 필요한데 나만한 애정을 갖고 있는 사람이 없는 것처럼 보였다. 나는 아주 작은 희생을 하면서도 큰 희생을 하고 있다고 스스로 생각했고, 다른 사람들은 나보다 더 많은 것들을 가지고 살면서도 귀한 사역에 관심이 전혀 없는 듯 보였다. 생각해보니 참 오만하고 겸손하지 못한 태도였다. 내 사역의 주도권이 내게 있었기 때문이다. 내가 하려는데 하나님이 밀어주지 않으시니 얼마나 속이 터졌겠는가!

요즘 가끔 내가 겪었던 상황에 있는 후배 사역자들을 만난다. 정말 가까운 사이라면 이런 내 생각을 나누며 넌지시 물어본다.

"혹시 방향이 틀린 건 아닐까?"

하나님이 내 손을 잡고 이끌고 가는 길은 오른쪽인데, 내 눈에 왼쪽이 더 좋아 보여서 그쪽으로 하나님을 끌어당기는 모습, 혹은 내가 더 돋보이고 인정받을 수 있는 곳으로 가려는 건 아닌지…. 아브라함의 조카 롯처럼. 하나님의 뜻과는 별개로 내 눈에 더 보암직하고 좋아 보이는 것을 주저 없이 선택하는 모습.

지금도 사역을 하면서 또 앞으로 비전을 세우면서 가장 많이 신경쓰는 부분이 바로 "주도권이 하나님께 있는가"이다.

우리는 때로 너무나도 원대한 하나님을 위한 '내 계획'을 가지고 살아간다. 그러나 정작 하나님이 이루어가시는 건 나를 향해 품으신 '하나님 스스로의 계획'이다. 그리고 우리는 그 계획의 일부가 된다. 내 계획과 열정으로 달려가다보면 때로는 하나님을 앞설 때가 있다. 이것은 옳지 않다.

내 경우만 해도 짧은 10여 년의 여정이지만 사역을 준비해온 시간 속에 내 계획과 생각이 적중했던 적은 거의 없었다. 만약 이것이 적중했다면 나는 지금의 나보다 훨씬 더 못한 나로 살고 있을지 모른다. 모든 과정을 지나고보니 하나님의 인도하심이고, 그분이 나를 쓰신 것이지 내가 그분의 일을 한 적은 없었던 것 같다. 하나님이 나를 들어 필요한 자리마다 세워주셨고, 그곳에서 부족하지만 최선을 다했을 때, 그다음 하나님의 계획을 이루어가셨다.

욕망을 버리면 사명이 보인다

사명이란 어떤 '행동'(action)이 아니라 '태도'(attitude)이다. "내가 하나님을 위해 무엇을 하겠다"라는 고백보다는, "하나님, 제게 무엇을 원하십니까'라는 질문을 먼저 해야 한다. 때로는 하나님이 원하는 그 무엇이 내가 생각하고 기대했던 것과 다르더라도 그걸 받아들이려는 태도가 사명을 바라보는 크리스천의 바른 자세다.

오래전에 한 유명한 음악 프로듀서를 만났다. 대학 시절, 음악에 대한 열정이 가득했던 나는 그와 함께 음반을 내고 활동하고 싶었다. 거의 15년 전이니 얼마나 그 마음이 뜨거웠을까! 그때 그가 내게 이런 말을 했다.

"하나님께서 우리의 도움이 필요하실까요?"

사실 당시에는 그저 흘려들었다. 그를 만나 당장 내가 원하는 바를 얻을 수는 없었지만 15년이 지난 지금까지 내 마음속에 그 말이 남아 있다. 참으로 귀한 사역의 자세를 배웠다.

'내가 하나님을 도울 수 있을까?'

우리는 하나님을 도울 수 없고, 하나님께서는 우리의 도움이 필요한 분도 아니시다. 전능하신 하나님께서 그분의 계획을 이루시기 위해 우리를 들어서 사용해주시는 것이다. 얼마나 엄청난 사건인가! 그러기 위해 우리는 스스로의 계획을 조금 비워두는 '신뢰'가 필요하다.

그러나 우리는 하나님 앞에서 가만히 있지를 못한다. 출애굽하는 이스라엘 백성들의 모습 속에서 우리의 모습이 보인다. 홍해 앞의 이스라엘 백성들처럼 원망하고 아우성 치며 자신들의 생각대로 되지 않는다고 하나님이 세운 지도자인 모세에게 화를 낸다. 애굽을 빠져나온 이스라엘 백성들의 생각은 무엇이었을까? 애굽을 나와서 바로 젖과 꿀이 흐르는 땅에 입성해서 평탄하게 잘 먹고 잘사는 그림이 아니었을까. 결국 내 뜻을 하나님이 이뤄주시기를 바랐던 것은 아닌가!

그들은 그런 생각을 숨기고 있었다. 마치 하나님이 세우신 민족의 지도자 모세를 따라 순종하며 나가는 듯했다. 그러나 뜻하지 않게 홍해라는 첫 고비를 만나자 본색을 드러냈다.

"애굽에 매장지가 없어 우리를 끌어내어 광야에서 죽게 하려고 하십니까? 우리한테 왜 이러십니까? 우리를 내버려두십시오. 이렇게 죽느니 차라리 애굽 사람들의 종살이를 하는 편이 낫겠습니다"(출 14:11,12 참조).

우리도 그들처럼 마치 대단한 사명을 이루며 나아가는 듯하다가도 고난과 역경을 만나면 이내 속마음을 드러낸다. 무언가 내 뜻대로 일이 이루어지지 않아 원망과 불평이 생긴다면 사명에 대해서 다시 고민해야 한다. 신뢰함으로 붙들려 쓰임 받는 사람에게는 원망할 이유 같은 건 없기 때문이다.

그때 하나님의 대답이 무엇이었는가? "가만히 좀 있어라"였다.

모세가 하나님의 말씀을 받아 "여호와께서 너희를 위하여 싸우시리니 너희는 가만히 있을지어다"(출 14:14)라고 말한다.

출애굽은 하나님의 계획이었다. 오랜 기간 쌓이고 쌓인 기도가 하나님 앞에 들려지고, 그분이 친히 출애굽을 기획하고 실행하셨다. 죄로 가득한 이스라엘 백성들을 직접 만날 수가 없어서 오랜 기간 모세를 훈련시켜 그를 통해 그분의 일을 이뤄가시는 중이었다.

사명자는 주도권이 하나님께 있음을 인정하고 신뢰하고 따라가는 사람이다. 사역을 하다 지쳤다면서, 앞으로 무엇을 하면 좋겠느냐는 말을 주변에서 가끔 듣는다. 그러면 나는 주저 없이 그에게 조언한다.

"쉬어라!"

쉼이라는 것은 주도권을 다시 하나님께 돌려드리는 일이다. 나를 바쁘게 만들지 마라. 단순화하라. 부산하게 많은 계획을 세워 무언가를 하려고 하지 말고, 꼭 해야 하는 일들만 최선을 다하면서 하나님 앞에 머무는 시간을 갖는 것이다. 그렇게 내 삶을 단순화하고 내 욕망을 가려내는 일들을 하며 하나님께서 정말 무엇을 원하시는지 찾는 게 중요하다. 사명은 여기서 시작된다.

하나님께서 늙은 양치기인 모세에게 "너를 바로에게 보내어 너에게 내 백성 이스라엘 자손을 애굽에서 인도하여 내게 하리라"(출 3:10)라고 말씀하신다.

그러나 모세는 주저한다. 자신은 생각지도 못했던 엄청난 일을 하나님께서 자신을 통해 이루시겠다고 하신다.

"아니, 제가 도대체 뭐라고 애굽 왕을 만나고, 이스라엘 백성을 이끌어낸다는 건가요?"(출 3:11 참조).

사명자는 이런 자세로 시작해야 하는 게 맞다. 그러나 오늘날 우리는 "내가 하나님의 일을 할 테니 내 손에 도움을 붙여달라"라고 요청한다.

"주여, 나를 도우소서. 내가 하겠나이다!"

물론 열정과 믿음은 훌륭하다. 그러나 하려고 하니 하나님의 일이 진짜 '하나님의 일'인지, 그 주도권이 그분께 있어 그분이 나를 보내시는 것인지 아니면 내가 가려는 것인지를 분별하는 게 중요하다. 하나님의 이름을 걸고 우리의 욕망을 이루려는 모습은 역사 속에서도 수없이 많은 흔적으로 찾아볼 수 있다.

11세기 말에서 13세기 말 사이에 이슬람 교도들에게 빼앗긴 성지인 예루살렘을 탈환하기 위한 서유럽의 그리스도인들의 침략이 있었다. 이를 두고 '십자군 전쟁'이라고 한다. 당시 서유럽 그리스도인들은 종종 성지순례를 가고는 했는데, 그곳을 무슬림들이 점령을 하고 난 후에 무역권을 독점하기 위해 성지순례를 금지했다고 한다.

이러한 조치는 서유럽 그리스도인들의 불만을 불러왔고, 여러 정치, 경제적인 이유와 맞물리며 교황은 거룩한 성지를 다시 탈환한다는 구호 아래 군대를 소집했다. 초기에는 성지를 탈환하고자 하는 종교적인 이유로 시작됐다. 그러나 저변에는 정치적이고 경제적인 욕망이 있었다. 영주들은 자신들의 영토를 확장하고, 상인들은 자신들의 부를 축적하기 위해서. 그들의 욕망을 방패와 보호구에 새겨진 커다란 십자가 아래에 깊이 감춘 채 하나님의 뜻을 이루겠노라고 칼을 들고 예루살렘으로 향했다.

드디어 그곳에 입성한 이들은 무슬림들을 성지를 더럽힌 이교도들이라며 여자와 노인과 아이들을 가리지 않고 무차별적으로 살육했다. 십자군 전쟁은 성지 탈환으로 그치지 않고 계속되었는데, 이후의 전쟁을 보면 이런 순수하지 않은 동기가 더 분명히 드러난다.

해가 거듭될수록 욕망은 더 극심해졌고, 이후 여덟 차례나 전쟁이 이어졌다. 결국에는 성지가 아닌 곳에서도 하나님의 이름을 부르짖으며 십자가가 그려진 방패를 들고 갑옷을 입고 침략해 들어가 약탈과 살인을 저질렀다.

과연 그것이 하나님의 뜻이었을까? 십자군 전쟁은 빗나간 종교적 열정이 얼마나 추악해질 수 있는가를 보여주는 대표적인 기독교 역사의 오점이다. 역사 속의 십자군 전쟁만이 아니다. 우리의 삶 속에서도 이런 욕망의 전쟁을 할 수 있다. 그래서 냉철하게 스스로를 점검해야 한다. 언제든지 우리의 욕망을 위해 하나님의 이름을 부르짖으며, 우리의 몸에 십자가를 그리고, 내 사사로운 이익을 도모할 수 있기 때문이다.

잠시 쉬어 점검해보자. 하나님의 뜻이 아닌 것 같다면 미련없이 비우자. 그리고 기다리자. "하나님, 제가 무엇이관대 이 일을 할 수 있겠습니까"라는 모세의 고백이 터져 나올 때까지.

하나님 뜻대로 사는 인생

2집 음반의 머릿곡은 〈하나님 멋대로〉이다. 1집 음반을 내고 활동하던 중에 말씀의 은혜를 받아 성경의 인물들을 등장시켜 곡을 썼다. 세상의 기준으로 볼 때 성공이 아니라 하나님의 멋대로, 성령님의 스케일만큼 성공하자는 게 이 노래의 핵심 내용이다.

이리저리 유랑하던 아브라함 보소
하나님 말씀 순종하니 믿음의 조상되었소
저 멀리 쫓겨가던 야곱 좀 보소
하나님 손을 의지하니 금의환향하지 않았소
노예로 팔려가던 요셉 좀 보소
하나님 뜻을 따라가니 국무총리되지 않았소
양치며 먹고 살던 다윗 좀 보소
하나님 맘에 합하더니 한 나라의 왕이 되었소
하나님 멋대로 성령님 스케일대로
그렇게 좀 멋들어지게 살아봐요

주님 믿는 성도는 세상에 기죽지 않고

성령님 스케일대로 사는 겁니다.

-2집 〈하나님 멋대로〉 수록

그렇다면 하나님 멋대로, 그분의 뜻대로 사는 건 어떤 삶일까?

★ **예배하는 삶**

아브라함의 인생 여정은 참으로 우여곡절이 많다. 하나님의 뜻을 받아 정든 고향을 등지고 기껏 가나안 땅에 들어갔는데 이미 그 땅은 다른 민족들이 차지하고 있었다. 분명히 하나님께서 축복하시고 좋은 땅을 준다고 약속하셨는데 아브라함의 이름으로 소유권 이전까지 해주시지는 않더라도 들어가 살 수 있도록 비워두셨어야 하지 않을까.

아브라함은 낙담이 될 만도 한데 벧엘 동쪽의 산에 장막을 치고 제단을 쌓고 여호와께 예배한다. 엎친 데 덮친 격으로 기근이 극심해져 애굽으로 가게 되고, 그곳에서 자신이 죽임을 당할까 두려워서 아내를 누이라 거짓말까지 하며 힘겨운 유랑생활을 이어간다. 그러나 그는 벧엘에 이르러 또다시 예배한다. 믿고 함께 데리고 나왔던 조카 롯과 다툼이 생겨 헤어질 때도 그는 롯을 떠나보낸 후 마므레 상수리 수풀에 이르러 여호와께 예배했다.

예배는 단순히 주일 성수를 한다는 의미만이 아니다. 아브라함을 보더라도 알 수 있다. 물론 정기적으로 하나님을 예배하는 것도 중요하지만 보다 더 큰 의미는 하나님을 철저히 신뢰하는 것이다. 그렇지 않은 사람은 예배를 드릴 수가 없다. 내 눈에 보이는 환경과 주변의 여건으로 인해 하나님을 향한 믿음이 흔들리지 않고, 그분을 철저히 신뢰하기에 예배할 수 있다.

이런 사람들은 원망하지 않는다. 모든 게 내 뜻대로 되지 않고 길이 막혀도 그 안에 하나님께서 두신 뜻을 신뢰하고 찬양하면서 나아간다. 이것이 아브라함이 보여주었던, 삶 속에 흐르는 예배의 정신이다.

★ 하나님께 주도권을 드리는 삶

삶의 주도권을 우리가 쥐어서는 안 된다. 내 생각과 계획으로 인생을 채워서는 안 된다. 삶에 항상 여백이 있어야 하는데, 이는 하나님께서 나를 어디로 이끌어가실지에 대한 믿음의 표현이다. 그런 믿음이 생기면 주저 없이 우리 자신을 하나님 앞에 맡겨야 한다.

성경의 인물들에게 역사하시고, 내 할아버지와 할머니, 부모의 삶에 역사하신 하나님이 아니라 내 삶에 역사하신 하나님을 믿고 신뢰하고 따라야 한다.

야곱이 아버지 이삭을 속이고 축복을 받으려고 할 때 이삭이 그에게 어떻게 그렇게 빨리 사냥을 마치고 왔느냐고 묻는다. 그때 야곱이 "아버지의 하나님 여호와께서 나로 순조로이 만나게 하셨음이 니라"(창 27:20)라고 대답한다.

아직 야곱은 여호와 하나님을 자기의 하나님으로 고백하지 못한다. 그에게 하나님은 이삭에게서 전해 들었던 '아버지의 하나님 여호와'였다. 그러나 그는 에서의 손을 피해 도망가다 벧엘에서 쉴 때에 비로소 하나님을 만나 "내가 평안히 아버지의 집으로 돌아오게 하시오면 여호와께서 나의 하나님이 되실 것이요"(창 28:21)라고 고백한다.

이는 조건문이 아니다. 그렇게 하시면 이렇게 하겠다는 게 아니다. 이미 야곱은 15절에서 하나님의 인도하심과 보호하심의 약속을 받았다. 야곱은 재차 그 약속을 확인한다.

> 내가 너와 함께 있어 네가 어디로 가든지 너를 지키며 너를 이끌어 이 땅으로 돌아오게 할지라 내가 네게 허락한 것을 다 이루기까지 너를 떠나지 아니하리라 하신지라 창 28:15

야곱은 이런 고백을 하고 있다.

"하나님이 제게 이런 은혜를 제게 베푸시니 이제 당신은 나의 하나님이십니다. 아버지 이삭의 하나님도 아니시고, 제가 귀가 닳게 들어왔던 할아버지 아브라함만의 하나님도 아니시고, 바로 나의 하나님이십니다"(20, 21절 참조).

그러면서 자신의 삶에 하나님을 주인으로 고백하는 의미로 십의 일을 드린다고 서원한다. 야곱은 이 순간에 하나님을 자신의 하나님으로 고백하고, 자신의 인생을 그분께 맡겨드렸다. 그것이 바로 야곱이 하나님 뜻대로 성공하는 인생이 된 비결이다.

★ 하나님 앞에서 사는 삶

요셉은 형들의 미움을 받아 애굽에 노예로 팔려간다. 고대 근동 지방의 노예들은 개나 가축처럼 대접받는 게 자연스러운 일이었다. 그는 큰 두려움과 염려 속에서 하루하루를 살았을 것이다. 오늘 죽을지 내일 죽을지, 또 어떤 주인에게 팔리게 될지, 어떤 일을 하면서 살게 될지 얼마나 겁이 났을까.

그러다 바로의 친위대장인 보디발에게 팔려가 인생이 좀 나아지는가 싶더니 보디발의 아내가 나서서 그의 인생을 더 고달프게 했다. 보디발의 아내가 그를 유혹할 때, 요셉이 "내가 어찌 이 큰 악을 행하여 하나님께 죄를 지으리이까?"(창 39:9)라는 참 멋진 말을 남긴다.

나는 이 구절의 개역한글판 표현을 더 좋아한다.

내가 어찌 이 큰 악을 행하여 여호와께 득죄하리이까

비록 그는 자신을 죽이려는 형들의 손에 팔린 노예였지만 하나님을 향한 믿음이 있었고, 그분 앞에 자신의 하루하루의 생활이 드러난다고 믿으며 살아가는 사람이었다. 그 믿음 때문에 고난을 겪기도 했지만 또 그 믿음 때문에 애굽의 총리가 되어 그의 형제들을 기근에서 구해낸다. 세상의 그 누구보다도 하나님을 더 크게 바라보고, 그분을 저버리지 않고 살아가는 삶이 바로 하나님 멋대로 사는 삶이며 하나님 뜻대로 성공하는 인생이다.

★ 하나님으로 인한 포기가 있는 삶

다윗이 사울의 미움을 받아 도망 다니던 때의 일이다. 이런저런 사연과 문제투성이인 사람들을 다스리며 도망 다니는 그의 인생도 불쌍하지만 다윗을 죽이는 데 온힘을 쏟는 사울의 모습도 안쓰럽다.

사울은 다윗이 엔게디 광야에 숨어 있다는 제보를 듣고 3천 명의 군대를 이끌고 다윗을 치러 갔다. '들염소 바위'라는 곳에 다다라 길가의 양 우리에서 작은 동굴을 발견한 사울은 용변을 해결하러 그 굴에 들어갔다. 그때 다윗의 측근들이 말했다.

"절호의 찬스입니다. 하나님이 사울을 당신의 손에 붙인 게 아니겠습니까? 가서 사울의 목을 베어 오십시오. 그러면 우리의 모든 고생이 끝나고, 당신은 이스라엘의 왕이 될 것입니다. 바로 오늘이 그 날입니다"(삼상 24:4 참조).

그러나 다윗은 이런 말들을 뒤로한채 사울의 겉옷 자락만 조금 베어 온다. 그리고 자신의 사람들에게 "내가 손을 들어 여호와의 기름부음을 받은 내 주를 치는 것은 여호와가 금하시는 것이니 여호와의 기름 부음을 받은 자가 됨이니라"(삼상 24:6)라고 말한다.

그리고 그 누구도 사울을 해하지 못하도록 했다. 골리앗의 목을 베었던 장수가 사람을 죽이는 게 두려워 사울을 베지 못했을까? 아닐 것이다. 자신을 죽이러 한 나라의 왕이 몇 천이나 되는 군대를 이끌고 돌아다니는데 두 다리를 한번 제대로 뻗고 잠이나 잘 수 있었을까? 언제 죽을까 목숨을 염려하며 사는 도망자 신세에서 벗어나고 싶을 만도 한데 '하나님 때문에', '여호와께 기름부음 받은 자이기 때문에' 그러지도 못하고 다시 도망을 쳐야 하다니…. 무방비 상태였던 사울을 몇 발자국 앞에 두고 다윗의 마음은 어땠을까?

'하나님으로 인한 포기', 믿음생활에는 이것이 뒤따를 수밖에 없다. 자신의 신앙생활의 여정 속에 단 한 번도 이런 포기가 없었다면 믿음을 다시 점검해볼 필요가 있다.

다윗 옆에서 그를 부추겼던 이들은 기회가 오면 잡아야 한다는 논리로 사는 사람이었다. 그러나 다윗은 세상의 논리로 사는 사람이 아니었다. 그는 '내 멋대로'가 아니라 '하나님의 멋대로' 살았기에 기름부음을 받은 사울을 해하지 않고, 자신에게 주어진 고난을 감당하면서 하나님의 때를 기다렸다.

다윗 역시도 믿음 때문에 더 고난을 겪었다. 때로는 바보 연기도 해야 했고, 자신을 도와준 사람들이 사울의 손에 살해당하는 아픔을 겪기도 했고, 적장의 장수로 살아가기도 했다. 그러나 그는 하나님이 정하신 때에 아름다운 모습으로 이스라엘의 왕이 되고, 하나님이 함께하심으로 점점 강성해져가는 복을 누렸다.

나는 이곳저곳을 다니면서 성공했다는 사람들을 많이 만나보았다. 하지만 세상에서 성공했다고 하나님 앞에서도 성공적인 삶이라는 보장은 없다. 성도의 성공은 하나님 앞에 더 기준을 두어야 한다. 그분이 보시기에 성공했는가가 더 중요하다.

위에 말했던 성경의 인물들도 그리 대단한 사람들은 아니었다. 아브라함은 자신의 목숨을 부지하기 위해 아내를 내쳤던 겁쟁이요, 야곱은 어머니에게 의존적인 마마보이요, 요셉은 부모의 총애를 한 몸에 받아 형들이 듣기에도 불쾌한 꿈 이야기를 서슴없이 내뱉는 응석받이요, 다윗 역시도 한때 하나님 앞에서 큰 죄를 저지른 자였다.

이들 모두 우리와 성정(性情)이 같은 사람들이다. 모자란 인생들이 하나님을 만나고 '내 멋'을 포기하고 '하나님의 멋'을 따라 살아가니 하나님께서 은혜를 베푸시고 성공시키셨다. 자수성가하려 하지 말고 하나님께서 나를 성공시키시도록 내어 맡겨라. 그러려면 내 멋대로 살지 말고 하나님 멋대로 살아가라!

07

구별된
거룩함으로

기다리는 기도

　하나님께서 주신 귀한 기회 덕에 교회의 울타리를 넘어 많은 사람들을 만나게 된 그때, 사실 나는 문화적으로 큰 충격을 받았다. 대부분의 사람들이 갖고 있는 교회와 종교, 신앙 그리고 목회자에 대한 생각이 내가 짐작했던 것과 매우 달랐기 때문이다.

　그중에서도 나를 가장 곤혹스럽게 했던 건 사람들의 기도에 대한 이해였다. 물론 크리스천 중에도 기도를 기복적인 주술 정도로 생각하는 사람들이 있지만 최근에는 이런 생각이 많이 바뀌고 있는 듯하다. 내 뜻을 이루는 것에서 하나님의 뜻을 이루어달라고 하는 것, 우리는 그 기도의 모범을 예수님에게서 찾아볼 수 있다.

　"뜻을 돌리소서. 그러나 내 뜻대로 마시고 아버지 뜻대로 하소서"(눅 22:42 참조).

　그러나 일반 대중들에게 기도는 단지 내 소원을 비는 것이었다. "방송이 잘 되게 기도해달라. 우리 팀이 1등을 하게 기도해달라"라는 요청으로 곤란할 때가 한두 번이 아니었다. 그때마다 기회가 닿으면 설명하려고 노력했으나 쉽지 않았다.

생각해보니 우리가 그런 빌미를 제공한 것 같다. 수능 때가 되면 "수능 백일 기도"라고 쓰인 현수막을 교회에 걸어놓고, 기도했더니 좋은 직장에 들어갔고, 물질을 부어주셨다고 자랑처럼 말하는 모습. 마치 크리스천들이 알라딘의 요술램프를 하나씩 끼고 사는 것처럼 세상 사람들에게 보여지지는 않았을까. 또한 많은 신앙 서적에서도 기도가 하나님을 움직이는 어떤 신비한 힘인 것처럼 서술한다. 물론 모두 틀린 말은 아니지만 이 또한 오해의 소지가 많다.

기도를 통해 변해야 하는 건 먼저 내 마음과 그것을 대하는 태도이다. 시험을 잘 보게 해달라고 기도하는 것보다 중요한 건 그 시험을 대하는 태도다. 잘 보고 싶다면 부지런히 공부를 하는 게 중요하다. 좋은 곳에 취직하게 해달라고 기도한다면 그것에 맞춰 잘 준비하고 노력하면 된다.

우리가 최선을 다해 준비하고 연습했을 때 도와주시는 건 하나님께 달린 게 아닐까. 우리는 최선을 다할 수 있도록, 그에 맞는 결과가 나오도록, 그 결과에 낙심하거나 좌절하지 않고 감사할 수 있도록 해달라고 기도해야 한다. 이것이 크리스천다운 기도다.

사무엘이 사사였던 때 이스라엘 백성들은 블레셋과 전쟁을 치렀다. 그러다가 한번은 이스라엘이 블레셋에 패하여 전쟁에서 4천여 명의 군사가 전사했고 패배한 백성들은 모여 작전 회의를 했다. 그들은 전쟁의 패인(敗因)에 대해 고민하기 시작했다. 그리고 언약궤가 전쟁터에 함께 있지 않았던 게 원인이라고 결론 짓고, 그것을 실로에서 전쟁터로 가지고 온다.

그 후 이스라엘은 승리했을까? 아니다. 오히려 이전보다 더 크게 패배했고, 3만 명이나 되는 이스라엘 백성과 궤를 메고 나아갔던 엘리 제사장의 아들인 홉니와 비느하스가 죽임을 당하게 된다. 심지어 언약궤마저도 블레셋에 빼앗겼다. 이것은 궤를 하나님의 임재하심이라고 여기는 그들에게는 참으로 혹독한 징계였다.

오늘날 우리가 기도를 대하는 태도가 이와 같을 때가 많다. 전쟁에서 이기려는 속셈으로 궤를 옮겨놓는 이스라엘 백성들의 마음처럼 전쟁에서 이기고, 내가 잘되고 복을 받기 위해 기도를 사용한다.

기도가 나를 잘되게 해주는 것임은 틀림없다. 그러나 내가 그리고 생각하는 모습대로 잘되게 해주는 건 아니다. 내가 잘되는 게 어떤 모습일지 먼저 하나님께 구하는 게 기도다. 그리고 때로는 그분이 보여주시는 그 모습이 내가 원하는 모습과 다를지라도 받아들여야 한다. 성경 속에 나오는 믿음의 사람들의 모습에서 알 수 있듯이 하나님께서 약속하신 것들이 이루어지기까지는 많은 고난과 역경, 특히 자신과의 끊임없는 싸움이 있다. 그때 기도로 나아가는 것이다.

법궤를 블레셋에 빼앗기던 당시는 엘리의 가문이 쇠락하는 시기였다. 그러나 이때도 하나님의 등불은 꺼지지 않았는데, 어린 사무엘이 하나님의 궤가 있는 전(殿) 안에 있었다(삼상 3:3). 하나님께서 사무엘을 세 번째 부르실 때 그가 엘리 제사장이 일러준 말로 부름에 "이르되 말씀하옵소서. 주의 종이 듣겠나이다"(삼상 3:10)라고 대답한다.

오늘날 한국교회 안에 전쟁에 승리하기 위해서라면 궤까지 옮겨오려는 이스라엘 장로들의 마음을 가진 사람들보다는 이런 사무엘의 기도를 하는 사람들이 많아지길 소망해본다.

"주여, 내가 이것을 하겠나이다. 나를 도우소서. 저 곳에 가서 복음을 전할 테니 내게 도울 손길을 보내주소서. 내가 험난한 길이지만 주를 위해 걷겠나이다. 내 앞의 대적을 물리치시고 앞길을 평탄케 하소서."

그동안 이런 기도만을 하고 있었다면 다음과 같은 기도도 드려보자.

"하나님, 나를 향하신 뜻은 무엇입니까? 말씀하소서. 주님의 자녀가 듣겠습니다. 믿음의 영웅이나 큰 부자가 되지 않아도, 사람들이 잘 몰라주는 일이라도 좋습니다. 다만 하나님의 뜻에 감사할 수 있는 믿음을 허락하소서."

구원의 감격을 잊지 말라

예배는 창조주가 피조물을 만나주시는 엄청난 사건이다. 우리가 찬양을 하고, 말씀을 듣고, 기도하는 것도 중요하지만 가장 중요한 것은 성령님이 그 가운데 임재하셔서 예배를 받아주시는 것이다. 그러면서 하나님의 은혜를 머금는 시간을 갖고, 그분을 기억하는 것이다. 단순히 예배뿐 아니라 일상생활 속에서도 끊임없이.

말씀 카드를 가지고 다니며 시시때때로 암송하고, 설교 말씀을 들으며 은혜를 머금어도 좋다. 바쁜 직장생활을 하면서도 자투리 시간에 말씀 한 장을 보는 것도 참 좋은 은혜의 방편이다. 그래야만 천국에 가기 때문이 아니라 잊지 않기 위해서다. 우리는 너무도 쉽게 망각한다. 내 정체성이 하늘에 속한 사람이라는 걸.

이것을 잊어버리는 순간에 우리의 방황이 시작된다. 하늘에 속한 사람이 땅의 지혜로 살려고 할 때 이리저리 헤매게 된다. 걸어야 할 좁은 길과 험한 길, 져야 할 십자가를 외면하게 된다. 세상 속에서 보암직하고 먹음직도 한 선악과들을 베어 물고 넓고 평탄한 길을 찾아 헤매게 된다. 성도에게 가장 큰 위기는 바로 이 정체성의 혼란이 올 때다.

때로는 많은 분들이 예배에서 은혜를 받지 못해 걱정이라고 상담한다. 나는 늘 같은 대답을 한다. 예배를 드리며 그런 고민을 하라고. 예배를 통해 우리의 정체성을 기억해낼 수 있기 때문이다.

하나님께서는 이런 인간의 본성을 너무나 잘 알고 계신다. 구약성서에서 가장 오래된 종교력을 담고 있는 출애굽기에 그것이 잘 드러나 있다. 하나님께서 이스라엘 백성들을 향해 유월절과 무교절을 선포하시는데, 잘 살펴보면 우리의 연약함을 잘 아시는 그분의 마음을 이해할 수 있다.

유대력으로 달의 시작 즉, 정월이 되면 이스라엘 백성들은 잊지 않고 유월절을 지켜야 했다. 유월절의 의미는 '넘어가다'(passover)라는 뜻으로, 출애굽 당시 여호와께서 애굽 사람들에게 재앙을 내리려고 지나가실 때 문 인방과 좌우 문설주의 피를 보고 이스라엘 백성들의 문을 넘어가신 걸 기념하는 절기다.

하나님은 이스라엘 백성들이 잊지 않고 매년 이 절기를 지키기를 명하셨다. 아마도 새해의 첫 달에 이스라엘 백성들이 그들의 정체성을 확인하고 그다음 달로 넘어가라는 뜻일 것이다.

정월 열흘째(10일)가 되면 이스라엘 백성들은 식구의 수대로 흠 없는 일 년 된 숫양이나 수염소를 취해 준비해야 한다. 이를 잘 간직하다가 열나흘째(14일), 즉 유월절이 되면 피를 그들의 집과 그 제물을 잡아먹을 집 좌우 문설주와 인방에 바르고 그 밤에 고기를 구워서 무교병과 쓴나물과 함께 먹어야 한다. 이때 절대 날것으로나 물에 삶아 먹어서는 안 된다. 또 머리와 다리와 내장을 다 불에 구워서 먹어야 한다. 그리고 이 음식은 아침까지 남겨두지 않아야 하고 혹시라도 남으면 모두 불살라야 했다(출 12:1-10).

음식의 조리법까지 정해주시고, 남은 음식물의 처리법까지 정해주신 걸 보면 하나님께서 이 유월절에 대해서 특별한 의미를 갖고 계셨던 듯하다. 또 음식을 먹을 때는 허리에 띠를 띠고, 신을 신고, 지팡이를 잡고 급히 먹어야 한다는 것이다(11절). 맛있는 음식도 아닌 구운 고기와 쓴나물과 무교병을 신발을 신고 지팡이를 잡고 먹으라니 이스라엘 백성들에게도 이 시간이 달갑지만은 않았을 것이다.

유월절이 끝나도 그것으로 끝이 아니었다. 유월절이 지난 이레(일주일)동안 무교절이 이어지는데, 이스라엘 백성들은 이 기간 동안 무교병만을 먹어야 한다. 이는 누룩이 섞이지 않은 음식을 뜻한다. 아마도 출애굽 당시 급히 도망쳐 나오느라 음식을 발효시킬 여유가 없었을 것이다. 이것을 기억하라는 의미에서 하나님께서는 발효가 안 된 음식만을 먹도록 허락하셨다.

무교절 첫날에는 집안을 샅샅이 뒤져 혹시 누룩(발효된 것)이 있는지 찾아내야 했다. 혹시라도 있다면 내다버려야 한다. 그리고 이 기간에 유교병을 먹으면 이스라엘 백성 중에서 끊어내버리라고 하나님께서 준엄하게 말씀하셨다. 그리고 이를 규례로 삼아 영원히 지키라고 명하신다.

> 너희는 이 날을 기념하여 여호와의 절기를 삼아 영원한 규례로 대대로 지킬지니라 출 12:14

그런데 왜 하나님께서 이스라엘 백성들에게 이렇게 명하셨을까? 매년 잊지 않고 이스라엘이 대대손손 엄격히 지켜나갈 것을. 이유는 그들의 삶 속에서 구원의 감격이 잊히지 않게 하시기 위해서다.

예배하고 예배하라

출애굽 사건은 오늘날 우리에게 십자가 사건과 마찬가지로 이스라엘 백성들을 하나님의 백성으로 구별해주신 사건이다. 하나님의 언약과 인도하심 아래에 있는 백성임을 드러내주는 하나님과 그들이 함께 경험한 공동의 '체험'이다. 하나님께서는 이것을 이스라엘 백성들이 잊지 않기를 원하셨다. 시간이 흐르면 출애굽을 모르는 세대가 생겨날 것이다. 그러면 그들이 물을 것이다.

"아버지, 왜 해마다 귀찮게 이런 걸 지키는 거예요? 나는 유교병이 먹고 싶은데요. 이 쓴나물은 먹기 싫어요. 맛이 없단 말이에요."

"이것은 유월절 제사란다. 하나님께서 애굽에서 종살이 하던 우리를 구해내시려고 그들에게 재앙을 내리셨단다. 그 재앙이 이스라엘 백성들의 집은 그냥 넘어갔거든. 하나님께서 우리를 그들의 손에서 건져내신 거야. 이것을 잊지 않기 위해서 매년 이렇게 하는 거야. 너도 잘 보고 배웠다가 나중에 어른이 되면 꼭 이렇게 해야 한다."

하나님의 백성이라는 정체성을 대대손손 물려주기 위해서 해마다 절기가 되면 지켜야 하는 규례를 이스라엘 백성에게 친히 명하셨다. '출애굽'이라는 큰 구원의 사건도 시간이 지나면 자연스레 잊히고 말 것을 하나님께서는 너무나 잘 알고 계셨다.

이것으로 네 기호와 네 미간에 표를 삼고 여호와의 율법이 네 입에 있게 하라 여호와께서 강하고 능하신 손으로 너를 애굽에서 인도하여 내셨음이니 … 해마다 절기가 되면 이 규례를 지킬 것이니라 출 13:9,10

'우리가 구원받았다'라는 경험은 '상기시키다'. '기억해내다'라는 뜻이다. 시간이 지나면 사람은 망각하기 때문에 계속 상기시켜야 했다. 그래서 머리로 몸으로 귀찮더라도 기억해내려고 해야 한다. 나는 이것이 우리가 예배를 향해서 가져야 하는 태도라고 생각한다.

이스라엘 백성에게 유월의 사건이 있다면 우리에게는 십자가의 사건이 있다. 이는 하나님께서 친히 이 땅에 오셔서 우리의 죄를 대속하신 엄청난 사건이다. 어쩌면 유월의 사건보다는 더 의미가 크다. 그래서 계속 상기하고 기억해내려고 애써야 한다. 2천 년이라는 시간 때문에, 혹은 반복되는 예식 때문에 하나님과 우리가 함께 경험한 이 사건의 의미가 희미해져서는 안 된다.

그래서 예배해야 한다. 계속해서 기념해야 한다. 이를 잊지 않기 위해서 애써야 한다. 때로는 힘들고 지친다 하더라도 딱딱한 무교병과 쓴나물을 먹는 이스라엘 백성의 마음으로 예배하며 십자가를 기억하자.

매년 정월에 하나님께서 이 절기를 이스라엘 백성에게 두신 것은 그들의 삶 속에 영적인 리듬을 갖게 하시기 위함이다. 그 첫 박자를 잘 타라는 의미일 것이다. 우리도 우리의 삶에 리듬을 두어야 한다.

리듬은 질서이고 하나의 규칙이다. 그것 때문에 자유가 사라지는 것 같고, 틀에 박히게 되는 것 같아도 그것이 있기에 그 위에 선율이 자리를 잡아 아름다움을 표현할 수 있다.

어떤 음악이든 리듬이 중요하다. 우리의 삶도 마찬가지다. 이 영적인 리듬이 흔들리지 않고 균형을 잡아야 잘 흘러갈 수 있다. 예배하고 예배하라. 예배 속에 감동이 없거든, 이는 무교병이요 쓴나물이라 생각하고 예배하라. '예배'가 그 무엇이건 간에, 이런저런 이유로 크리스천이 포기할 만한 건 절대 아니다.

거룩과 구별

아마 이 글을 읽는 대부분의 독자들은 신앙생활을 태어나면서부터 했거나 오랜 시간 해왔을 것이다(물론 처음 시작한 사람들도 있겠지만). 그래서 견고한 믿음 위에 서 있을 수도 있지만 신앙이 관습이 되고 거룩하게 여겨져야 할 것들이 일상이 되어버릴 위기에 처해 있을 수도 있다.

엘리 제사장의 아들들인 홉니와 비느하스를 기억하는가? 그들은 제사장의 직분을 물려받고 차마 입에 담기도 부끄러운 죄악을 저질렀다. 성전에 드려지는 제물들을 제사를 드리기도 전에 먼저 잡아먹거나 성전에서 봉사하는 여인들을 겁탈하는, 생각만 해도 무서운

죄들. '어떻게 그럴 수 있었을까' 하다가도 한편으로는 그들이 이해가 된다. 신앙생활을 오래할수록 점차 거룩함에 대한 의식이 무뎌져간다. 날마다 칼날이 조금씩 닳고, 보이지는 않지만 곳곳에 매일 먼지가 쌓이는 것처럼.

마땅히 거룩해야 할 것들, 예배와 말씀과 찬양과 기도가 그 거룩함을 상실한 채로 하나의 관습처럼 행해질 때 그렇다. 보통 "예배가 습관이 되어야 한다"라고 하는데, 참 조심해야 할 말이다. 절대 습관적인 예배자가 되어서는 안 된다. "자주 시간을 정해놓고 드린다"라는 의미에서는 맞지만, 무의식적이고 기계적으로 예배하는 것만큼 무서운 게 없다. 거룩함이 상실되기 때문이다.

하나님의 성전이 모임을 갖는 카페처럼 되고, 정성을 다해야 할 예배가 주간 일과가 되고, 성직자들이 다른 사람들과 별로 달라 보이지 않는다면 노력해야 한다. 아니, 노력으로 부족하다. 싸워야만 한다. 익숙함과 싸워야 하고, 관습에서 삶의 거룩함을 끌어내야 한다. 그럴 때 우리의 삶에서 하나님이 하나님 되실 수 있다. 그렇지 못하면 세상 속에서도 마찬가지다. 내가 하나님을 하나님으로 인정하지 않으면서 세상 사람들에게 하나님을 인정하라는 건 큰 모순이다.

진심 어린 기도를 하라. 말씀 앞에 진지해져라. 사람들을 통해 전해지는 하나님의 말씀에 민감하라. 의지적으로 노력하지 않으면 홉니와 비느하스처럼 되는 건 한순간이다. 그들에게는 창조주가 피조물의 제사를 받는 성전이 내 집이요, 큰일을 집례하는 제사장이 아버지이니 큰 경외함으로 대해야 하는 것들이 그저그런 일상이 되어 거룩을 상실했다.

하지만 홉니와 비느하스와 함께 있었던 어린 사무엘을 생각해보라. 여호와의 전을 자신의 집으로 삼고, 어찌 보면 거룩해야 할 것들이 일상이 될 수 있는 환경에서 자랐지만 그는 하나님의 음성 앞에 민감하게 깨어 다음 세대를 준비했다.

그렇다면 '구별'은 무엇인가? 크리스천은 구별되어야 한다고들 말한다. 많은 분들이 내게 하는 훈계 중 하나도 "이 세대를 본받지 말라"라는 것이었다. 이 세대를 본받아 트로트라는 장르로 찬양을 부르니 나는 구별되지 못한, 거룩하지 않은 사람이라는 뜻이리라.

그러나 나는 세대를 본받지 말라는 게 이 세상과 담을 쌓으라는 의미라고 생각하지 않는다. 물론 권력을 지향하는 세상의 모습과 물질을 만능으로 여기는 악한 세대는 본받으면 안 된다. 그럼에도 구별은 다른 것들 중에서 이루어진다. 나홀로라면 구별되고 싶어도 구별될 수 없다. 크리스천의 구별은 스스로 자신을 닦아 예수님의 빛을 받아 세상 속에서 빛나는 것이다. 이것이 구별이다. 교회 안에서 "우리는 이곳에 있으니 구별되었다"라고 교회 울타리 밖을 바라보는 게 아니라 세상 속에 있으면서도 세상과는 다른 모습으로 있어야 한다.

예수의 향기란 참으로 강력해서 사람들로 하여금 그 원천을 묻지 않을 수 없게 만든다. 그리스도인의 빛 또한 참으로 찬란해서 사람들로 하여금 눈이 부시게 만들 수밖에 없다. 스스로 오랜 시간 닦고 빛을 발하는 시간이 필요한 이 과정을 오늘날 우리는 단 몇 마디의 말로 해결하려고 하니 문제가 생긴다. 세상은 몇 마디의 말에 속아 그리스도의 향기와 빛을 기대하고 모여든다. 그러나 말만 있고 향기와 빛이 없으니 호기심 어린 애정이 이내 실망으로 변한다. 잊지 말자. 구별은 예수님의 빛을 받아 자연스럽게 있는 자리에서 빛나는 것이다.

"너는 저기, 나는 여기"라고 선을 그어놓고 뒤섞이지 않으려고 몸부림치는 게 아니다. 예수님이 창기요, 세리요, 강도들에 둘러싸여 계시면서도 빛나신 것처럼, 우리도 교회의 울타리 안에서 문을 잠그고 구별되기보다는 세상 속에서 예수의 빛을 머금어 그 빛을 발하면서 구별되어야 한다.

일전에 한 강연에서 한반도를 찍은 위성 사진을 본 적이 있다. 밤에 촬영을 한 것 같은데 확대해보니 남한은 불빛이 빼곡하게 있었고, 북한은 듬성듬성 있었다. 아마도 전력 사용량의 차이 같았다. 사진을 보는 내내 마음이 아팠다.

아마도 예수님이 오늘날 교회와 교회 울타리 밖을 위에서 내려다보고 계신다면 이런 마음이시지 않을까 싶었다. 그분이 이 땅을 내려다보실 때 어느 한 곳에 빛이 몰려 있는 걸 보시면 마음이 어떠실까? 이 빛이 세상 속에 골고루 흩어져 있어야 그분의 마음이 기쁘실 것이다. 소금끼리 모여 있을 필요가 무언가? 세상 속에 골고루 뿌려져야 하지 않을까. 참 구별은 우리가 딛고 서 있는 이 세상 속에서 이루어져야 한다.

인생의 쉼표

성경을 보면 예수님이 가끔 한적한 곳으로 물러가시는 말씀이 나온다. 동네에 소문이 퍼져 예수님에게로 많은 사람들이 몰려나올 때 예수님은 사람들을 피해가셨다.

어떨 때는 사람들이 예수님의 이적에 탄복하여 그분을 왕으로, 지도자로 추대하려고 했다. 열병이 떠나가고, 귀신들린 자들에게서 귀신이 떠나가고, 각종 병든 사람들을 고치시니 당시 예수님의 인기가 얼마나 대단했을까! 아마도 이를 지켜본 제자들은 나름 우쭐해졌을 것이다. 그러나 예수님은 이를 아무에게도 말하지 말라고 하시고 유유히 물러나신다.

한적한 곳에서 예수님은 무엇을 하셨을까? 물론 기도하시고 찬양도 하시고, 말씀도 묵상하셨겠지만 아마도 그분의 정체성을 다시 다잡지 않으셨을까. 이 땅에서 섬김을 받으러 오신 게 아니라 섬기러 오신 것임을 되뇌지 않으셨을까? 그분의 사역이 하나님께서 그리신 궤도에서 벗어나지 않도록 자신을 돌아보는 시간을 가지셨다.

마가복음 6장에 보면 예수님은 제자들에게도 쉼을 권하신다. 사도들이 예수님에게 나아와 자신들이 행한 일과 가르친 걸 자랑스럽게 보고한다. 그러자 예수님은 한껏 들떠 피곤함도 잊은 제자들에게 한적한 곳에 가서 쉴 것을 명하신다.

이르시되 너희는 따로 한적한 곳에 가서 잠깐 쉬어라 막 6:31

제대로 밥 한 끼 먹을 수 없을 정도로 사람들에게 둘러싸여 큰 인기를 누리던 제자들에게 예수님이 하신 충고는 "한적한 곳에서 쉬어라"였다. 예수님은 쉼의 중요성을 잘 알고 계셨다.

그러나 쉼은 쉽지 않다. 삶에 여백을 둔다는 게 다른 사람보다 뒤처지고, 게을러지는 것 같다. 늘 무언가로 채워져 있는 사람들은 비워놓음을 받아들이기가 어렵다. 그러나 비어 있을 때 비로소 하나님께서 주시는 것들로 삶을 새롭게 채울 수 있다.

비워놓음은 하나님을 향한 신뢰의 표현이다. 내 인생의 주도권을 하나님께 드리는 것이다. 계획이나 목적 없이 살라는 게 아니라 내 삶에 하나님께서 개입하실 수 있게 비워두라는 것이다.

1년 365일 24시간이 내 계획으로 가득 찬 사람에게는 그런 여지가 없다. 나를 비워놓았을 때, 때로는 뜻하지 않은 상황을 맞닥뜨리고, 내키지 않는 자리에도 가게 되고, 전혀 생각지 못한 사람들을 만나게 된다. 그러면서 90퍼센트의 철저한 내 계획보다 비워둔 10퍼센트의 자리를 하나님께서 들어 쓰시는 걸 알게 된다.

앞에 썼듯이 나도 한동안 무리해서 집회 사역을 한 뒤에 쉬는 시간을 가졌다. 위기를 감지하고 경기도의 한 기도원으로 피신했다. 두어 달 정도 외부와 교류하지 않고 혼자 잠잠히 쉼을 가졌다.

머릿속에 떠다니던 것들을 다 내려두고 나니 점점 분명해지는 게 있었다. 내 진로에 대해 큰 그림이 그려졌다. 이번에 새롭게 출시된 4집 음반의 대부분의 곡들이 이 기간 동안에 얻은 모티브로 쉬는 시간 동안 직접적인 음반작업을 하지는 않았지만, 생각을 정리하고 걸어온 길을 돌아보면서 작업을 어느 정도 마무리했다. 쉼을 통해 내 고유한 사명이 분명해지고 사명의 무기가 완성되었다.

또 내 마음에 치유를 얻을 수 있었다. 좋지 않았던 기억과 상처에 매여 있는 것들에서 풀려났다. 몸에 상처가 났을 때 충분히 쉬면 치료가 되듯이 마음도 마찬가지였다. 쉼을 가지니 마음이 여유로워지고 점차 아픈 기억들이 떠나갔다.

이런저런 좋지 않은 기억들을 옷깃을 스치는 바람과 흘러가는 개울과 떠다니는 구름에 다 실어 보냈다. 가끔 숨을 크게 몰아쉬어도 편치 않던 때가 있었는데, 이 쉼을 경험하고 답답함이 사라졌다.

빚을 탕감해주는 것도 경제적 여유가 있는 사람이 하기 쉽듯이 용서도 마음의 여유가 있어야 가능하다. 사역을 하면서 지치고, 원망이 목까지 올라오고, 사람들로 인해 마음이 다쳤다면 주저 없이 쉬어라. 그때가 쉴 때다. 또한 그 사역이 하나님이 내게 주신 사역이 아닐 수도 있다. 하나님께서 다른 누군가를 들어 그것을 더 멋지게 이루실 수도 있다.

내 역할은 그저 '씨앗을 뿌리는 것'까지일 수 있다. 하나님이 허락하신 게 거기까지라면 그것으로 감사하자. 그리고 잠시 쉬며 하나님 앞에 나를 세워두어라. 내 계획들은 보류하고, 항상 매만지던 휴대폰도 내려두고, 그저 하나님께서 내게 하고자 하시는 말씀에 귀를 기울이며 나를 만나는 시간을 가져보자. 실상 내가 그리 바쁘지 않은 사람이라는 걸 인정하는 데는 오랜 시간이 걸리지 않는다.

예수님 스스로 본을 보이시며 제자들에게도 권면하셨던 쉼을 대부분의 크리스천들은 좀처럼 누리려고 하지 않는다. 말씀, 기도, 찬양, 그리고 쉼…. 빼곡하게 들어찬 멜로디로만 노래가 노래다워질 수 없듯이 간간히 쉼표가 들어설 때 우리 인생의 노래도 더 아름다워진다.

"열심히 믿는 당신, 쉬어라!"

내게 우상은 없는가

아침 경건의 시간에 내 기도 제목들 중에 제일 위에 있는 건 "지금 내게 우상은 없는가"라는 질문이다. 이것을 스스로 묻고 기도를 시작한다. 그리고 어제를 돌아보며 오늘 있을 일들을 생각해본다. 이 일들 속에서 내 우상이 될 만한 게 있는지 곱씹어본다.

사람은 나약하다. 그렇기에 무엇인가에 기대려고 한다. 이왕 기대려면 가장 든든한 곳에 기대는 게 좋다. 그런데 문제는 우리가 믿고 의지하는 하나님께서 눈에 보이지 않는다는 것이다. 또 내가 현실에서 부딪치는 많은 문제들에 대해 그분이 침묵하시는 것처럼 보인다. 그래서 우리는 눈에 보이는 것이나 내 옆에서 그 사건에 대해서 말해주는 사람 혹은 직접적인 도움을 줄 수 있는 어떤 것에 의지하게 된다.

물론 이것이 다 나쁘다는 게 아니다. 이러한 '것'들과 '사람'을 하나님과 동등하게 여기거나 하나님보다 더 의지하게 될 때 문제가 생긴다. 나 역시 꽤 오랫동안 문화 사역을 하며 경험했다. 그리고 대중 속으로 스며들어 사역을 하다보니 이런 유혹에 많이 시달렸다.

주변의 사람들은 내가 좋은 기회를 다 놓쳐버렸다고 내게 참 미련하다고 했다. 다른 사람들은 하려고 난리인 일들 앞에서 왜 고민하냐며 면박을 주는 사람들도 있었다. 이러한 유혹들은 정말 달콤하고 현실적이다. 그러나 거의 대부분은 한 가지 질문 앞에서 분명하게 분별된다.

'내가 이렇게 했을 때 하나님께서 기뻐하실까?'

그럼에도 우리는 그 유혹에 자주 넘어간다. 그 '것'과 그 '사람'을 하나님으로 삼아버린다. 왜 그럴까? 앞날에 대한 두려움으로 눈이 어두워지고 마음이 조급해지기 때문이다.

출애굽기 31장부터 32장을 보면 모세가 시내산에 올라 하나님의 말씀을 받는 장면이 나온다. 이스라엘 백성들을 언약의 백성으로 살게 하기 위해 하나님께서 직접 구체적인 지침들을 전달하시는 영광스러운 시간이었다.

그런데 이스라엘 백성들은 위에서 어떤 일이 일어나는지 알지 못한 채 시내산 아래에서 사십 일 사십 야를 기다린다. 그러나 그들은 참지 못했다. 모세가 살았는지 죽었는지 소식은 없고 그들은 자신들을 인도할 신을 만들어 보여달라고 아우성을 쳤다.

백성이 모세가 산에서 내려옴이 더딤을 보고 모여 백성이 아론에게 이르러 말하되 이러나라 우리를 위하여 우리를 인도할 신을 만들라 이 모세 곧 우리를 애굽 땅에서 인도하여 낸 사람은 어찌 되었는지 알지 못함이니라 출 32:1

그들의 말은 "지금까지 우리를 인도한 사람은 어찌되었는지 모르겠고 앞으로 우리를 인도할 신을 만들어 보이라"라는 것이다. 그래서 아론의 지휘 아래 갖고 있던 금을 모아 금송아지를 만들고 그것이 애굽에서 그들을 인도하여 낸 신이라고 여긴다.

우상은 이 말씀에서도 알 수 있듯이 앞날에 대한 두려움 때문에 만들어진다.

'내가 잘해낼 수 있을까? 이번 일이 잘될 수 있을까? 내가 결혼할 수 있을까?'

인생에 참 많은 문제들이 일어나기에 우리는 무언가 눈에 보이는 확실한 보장을 요구한다.

앞으로 있을 광야의 시간 속에서 이스라엘 백성들을 인도할 게 바로 금송아지였다. 이 금송아지는 오늘날 여러 모습으로 우리에게 등장한다. 때로는 물질일 수도 있고, 물질을 많이 가진 사람일 수도 있다. 또 권력을 가진 그 누군가일 수도 있다. 우리가 이런 것들이 하나님보다 더 실제적이고 강하다고 생각할 때, 우상숭배를 하게 된다.

하나님을 믿는다면 하나님의 첫 계명만큼은 철저히 지키며 살아야 한다. 십계명의 제1계명, "너는 나 외에 다른 신들을 네게 두지 말라." 그러기 위해서는 조급함을 버리고 하나님을 철저히 신뢰해야 한다. 세상 사람들이 말하는 성공의 잣대를 포기해야 한다. 때로 하나님께서 나를 기다리게 하실 때도 나를 가장 좋은 길로 인도하시는 중임을 의심해서는 안 된다.

이스라엘 백성들처럼 조급한 마음으로 금송아지를 만들고, 그것이 하나님인 것처럼 그 앞에서 기뻐 뛰놀며 춤추어서는 안 된다. 잘 모르겠거든 잠시 하나님 앞에 시간을 갖고 물어라.

"지금 내가 금송아지를 만들고 있지는 않은가?"

앞날에 대해 염려하다가 좋은 기회와 좋은 사람을 만났다고 이런 물음도 없이 달려나가면 금송아지 앞에서 춤추고 있는 나를 발견하게 될지도 모른다. 내가 믿었던 백(back)이 백(bag), 즉 짐이 되어버릴 수 있다.

우리는 나약한 인간이다. 그래서 우리는 서로 의지하며 사역에 있어서 동역하며 더불어 살아가야 한다. 그러나 내일에 대한 두려움을 이기지 못해 하나님의 자리에 금송아지를 앉힌다면 큰 문제다. 이것을 이길 수 있는 힘은 하나님을 향한 분명한 신뢰다.

하나님만을 의지한다는 게 미련하게 보일지 모른다. 그러나 성경은 잠시 머물다가는 인생들을 믿고 의지하는 것보다 영원하신 하나님을 의지하며 살아가는 게 더 지혜롭다고 말씀하신다.

할렐루야 내 영혼아 여호와를 찬양하라 나의 생전에 여호와를 찬양하며 나의 평생에 내 하나님을 찬송하리로다 귀인들을 의지하지 말며 도울 힘이 없는 인생도 의지하지 말지니 그의 호흡이 끊어지면 흙으로 돌아가서 그날에 그의 생각이 소멸하리로다 시 146:1-4

많은 분들이 내게 잘되겠느냐고 하신다. 목사가 트로트가수를 한다고 하니 그 바닥은 쉽지 않다며 염려를 많이 한다. 밀어주는 사람이라도 있냐고 묻는다.

그런데 과연 무엇이 잘되는 것일까? 유명해지고 돈을 많이 벌면 잘된다는 건가? 우리는 하나님의 기준에서 잘되어야 한다. 하나님이 정하신 분량만큼 그분이 도우실 것이다. 내 소망을 다른 곳으로 옮기지 말고 하나님께 두면 된다.

나는 아침 경건의 시간을 이 말씀으로 마칠 때가 많다.

야곱의 하나님을 자기의 도움으로 삼으며 여호와 자기 하나님에게 자기의 소망을 두는 자는 복이 있도다 시 146:5

이 마음으로 늘 세상으로 나아간다. 그러면 세상을 다 가진 것 같다. 그 누구를 만나도 당당하다. 나는 '하나님의 뽕짝가수'니까!

에필로그

트로트찬양을 듣고
처음 교회집회에 갔던 때가 생각난다.
경기도 부천에 있는 한 선배 목사님의 교회였는데
모든 게 처음이었던 그때,
용감하게 트로트로 찬양음반은 냈지만
과연 '성도들이 어떻게 받아들일까' 하는 생각에 겁이 났다.
전날까지도 잠을 이루지 못하고
집회의 순서지를 고치고 또 고치면서
기쁨보다는 두려움이 더 컸다.

집회가 끝난 후 많은 성도들이
지금은 도저히 내밀기도 부끄러운
1집 음반을 줄을 서서 사주는데,

어찌나 감격스러웠는지
오래전인데도 머릿속에 선명하다.

책을 내려고 하니 다시 그때의 마음이 든다.
기쁨보다는 두려움이 더 크고
글을 한 편씩 쓸 때마다
고치고 또 고치고 계속 고치게 된다.
그만큼 내 삶에도 무게가 더해진다.
'글을 써놓고 내가 이렇게 살지 못하면 어쩌지?
내가 예수님께 이 책을 올려드릴 자격이 있나?'
나는 정말 자신이 없다.
그럼에도 짧고 특이한 인생길을 걸어오며
느낀 것들을 진솔하게 풀어냈고,
말씀에 근거해서 옳다 싶은 것들은
주저함 없이 과감하게 써내려갔다.

1집 음반처럼 몇 년 후에 어떤 자세로
이 책을 대하게 될지 나는 알지 못한다.
아마 한없이 부끄럽고 볼 때마다 아쉬움이 남을 것이다.
그러나 이 역시도 내어맡기는 게
'하나님의 뽕짝가수'답다고 생각한다.

내 사역의 여정을 돌아봐도
완벽한 준비는 없었다.
늘 부족한 상태에서 시작만 있었다.

나는 젊은 목사다.
또 이제 막 데뷔한 트로트가수다.
앞으로 긴 인생을 살아야 한다.
하나님께서 이 길을 잘 걸어가라고
내게 지도를 주신 것 같다.
아직 서툴고 모자람이 많아서
이 지도를 직접 그리게 하신 것 같다.
앞으로 어떻게 펼쳐질지 모르는 두려운 여정이지만
길을 헤맬 때마다 한 번씩 펼쳐보며
중심을 잃지 말라고….
그리고 이 글이 누군가에도 그런 역할을 해준다면
나는 더없이 행복하리라!

뽕짝목사가 들려주는
회중찬송(會衆讚頌) 이야기

교회 안에 처음 드럼(drum)이 들어올 때도 많은 사람들이 염려했다. 어떤 교회는 싸움이 나기도 했다니 큰 문제이기는 했나보다. 그런데 우리가 지금 부르는 찬송가 역시 교회에서 부르는 게 금기된 적이 있다고 하면 믿을 수 있겠는가? 그런데 사실이다. 지금 우리가 부르는 회중찬송(congregational hymn)은 18세기에 접어들어서야 비로소 대중화되었다. 그리고 이 과정에서 참 많은 사람들이 비난을 받았다.

구약 시대에는 어떤 모습으로 찬송했을까? 또 예수님 시대에는 찬송이 있었을까? 있었다면 어떤 모습이었을까? 찬송에 대해 관심이 많던 나는 대학원 논문을 〈바람직한 회중찬송을 위한 역사적 연구〉(감리교신학대학교 대학원, 2009)라는 제목으로 썼다. 바람직한 회중찬송에 대해서 꼭 나누고픈 내용이 있어 요약 정리하여 싣는다.

아주 먼 옛날부터 모든 종교에서는 신비한 경험에 대해 표현하고, 함께 고백하는 의식이 있었다. 이것이 잘 드러나는 성경의 기록이 홍해를 건넌 이스라엘 백성들의 모습인데, 오늘날 우리가 함께 고백하는 회중찬송의 원형이다. 아마도 그들은 자신들이 노예살이를 하던 애굽 사람들과 유사하게 찬송하지 않았을까 짐작해볼 수 있다. 손에 소고를 잡고 노래하는 미리암을 여인들이 따라나오며 화답하는 게 전형적인 회중찬송의 모습이다.

이외에 찬송의 분명한 모습들은 왕정 시대에야 그 기록이 있다. 성전이 건립된 이후에 음악이 예배에 중요한 요소로 자리잡았을 것이다. 다윗 왕은 4천 명의 레위인을 뽑아 찬송하는 이들로 세웠으며, 성전을 위한 전문 음악인을 위한 교육에도 관심이 있었다. 이러한 회중찬송의 모습은 로마에 의해 두 번째 성전이 무너지면서 자연스럽게 희미해졌다.

솔로몬의 성전이 무너지고, '바벨론 포로기'라는 아픔을 겪으면서 히브리인들은 이전처럼 노래와 음악으로 하나님을 찬양하는 게 쉽지 않았을 것이다. 상황도 그렇고, 심적으로도 포로생활이 자신들의 죄로 인해서 비롯되었다 믿고 있었기에 음악을 적극적으로 활용해 하나님을 찬양하기가 어려웠을 것이다.

다만 그레고리안 챈트(Gregorian Chants)와 유사한 형태의 찬송이

있었다는 증거가 발견되었다는 점에서 경직된 분위기에서도 예배음악
은 존재했다는 걸 알 수 있다.

마태복음 26장 30절에서 예수님은 제자들과 찬미하고 감람산으
로 올라가신다. 당시에도 찬송의 모습이 있었음을 알 수 있다. 예수님
과 제자들이 불렀던 건 당시 성전과 회당에서 사용된 유대인들의 찬송
이었다. 시편 113편에서 118편까지 유대인들이 유월절에 부르는 '할
렐'(hallel)이라고 하는 부분인데, 예수님은 이런 전통을 준수하셨을 것
이다. 안타깝게도 당시 찬송에 대해 알 수 있는 건 이런 짤막한 부분들
이 전부다.

예수님이 부활승천하신 이후부터 교부 시대까지 예배음악이 좀 더
활성화되었다. 특히 알렉산드리아 출신의 신학자인 클레멘트(AD 215)
교부의 기록에 의하면 당시 예배음악의 남용에 대한 우려를 나타낸다.

우리는 고대의 비파와 트럼펫, 플룻, 또는 탬버린 같은 악기를 더 이상 사용
해서는 안 된다. 이러한 악기들은 전쟁에서 사용하여 좋은 것으로 하나님
을 경외하지 않는 사람들이나 사용할 것이다. … 우리가 하프와 수금으로
노래를 부르는 것은 크게 중요한 일이 아니다.

-원진희, 《교회음악약사》(대한기독교서회, 1971), 28.

물론 초기 기독교 공동체가 모든 시기에 걸쳐 이런 문화적인 자유를 누리지는 않았을 것이다. 본격적인 발전은 콘스탄틴이 기독교를 공인한 이후부터 시작되었다. AD 70년의 성전 파괴와 간헐적으로 발생했던 로마의 기독교 박해로 인해 자유롭지는 못했지만, 초기 기독교 공동체는 비교적 자유로운 형태로 회중찬송을 유지하고 발전시켰다는 걸 알 수 있다.

회중찬송을 이야기하면서 암브로스(Ambrose, 339-397)를 빼놓을 수 없다. 그는 귀족 가문에서 태어나 밀란의 감독인 아우켄티우스가 세상을 떠난 후 세례도 받기 전에 감독이 된 것으로 유명한 교부다. 그는 위대한 설교자였고, 우리가 잘 아는 어거스틴에게도 큰 영향력을 끼친 사람이며, 교회음악의 시조(始祖)다. 더 엄밀히 이야기하면 '라틴찬송의 아버지'라고 할 수 있는 인물이다.

물론 그 이전에도 회중찬송의 모습은 교회 안에 있었다. 그러나 그가 찬송을 예배에 적극 도입했다. 뛰어난 음악가로 찬송을 지었고, 교회 역사상 최초로 4선법을 제정하여 회중이 2개의 파트로 나누어 부르는 교창을 시행하는 등 교회음악 발전에 큰 공헌을 했다. 아마도 오늘날의 성시 교독은 암브로스의 교창이 효시가 되지 않았을까 싶다. 그의 찬가는 꽤 오랜 기간 생명력을 유지해왔으나, 5세기에 수도원이 발달하자 교황과 수도자들의 소유물이 되어 회중과는 멀어지게 되었다.

초대교회의 이러한 찬송의 모습들은 시간이 점점 흐르면서 회중의 곁에서 멀어지기 시작했다. 악기의 사용도 점차적으로 금지되는 추세가 되었다. 문화와 종교의 암흑 시대로 일컬어지는 중세 시대(AD 590-1517)는 회중찬송에 있어서도 암흑 시대라 할 수 있다. 이 시기에 교회음악이 부재한 건 아니었다. 중세기로 들어오면서 기독교가 제도화되고 예배가 공식화됨으로써 오히려 교회음악은 많은 발전을 이룰 수 있었다. 동방과 서방을 막론하고 찬송 부르기는 성경 봉독과 기도와 더불어 중요한 요소 중 하나였다. 그리고 찬송에 큰 영향을 끼친 성가(chant)가 예술적으로 발전한 것 역시 이 시기다. 또한 선별된 찬송 봉사자들이 보다 더 전문적으로 예배음악에 기여를 하다보니 더 수준 높은 찬송이 가능했다.

그러나 이러한 발전이 과연 좋은 부분만 있었는지는 잘 모르겠다. 보다 더 멋있고 체계적인 예배의 모습과 음악이 있다는 건 좋은 일이겠지만 회중찬송에서 점차적으로 회중은 소외되기 시작했다. 예배 속에서 노래를 부르는 회중은 음악활동에서 물러나게 되고, 찬송은 전문적으로 훈련된 소수들의 전유물이 되었다. 그리고 이러한 모습은 중세 시기의 천 년 동안 지속되었다.

-럿셀 N 스콰이어, 이종기 역, 《교회음악사》(도서출판 메시아, 1964), 65.

회중과의 단절은 단순히 예배음악만의 문제는 아니었다. 당시 회중이 이해할 수 없는 어려운 라틴어로 예배를 드리면서 예배 자체를 이해하기 어렵게 되었다는 건 큰 비극이다. 회중은 예배에서 소외되었고, 예배에 참여하기보다는 구경하는 신세가 되었다. 이는 잘 차려입은 전공자들의 특송은 있었지만 성도들이 함께 찬송하는 경배 찬양은 없었다. 게다가 알아듣지 못하는 외국어로 예배가 집례되었으니 회중이 어떻게 은혜를 누릴 수 있었을까.

음악만 두고 본다면 많은 발전을 이루었을지 모르지만 회중이 함께 고백하지 못하는 이 찬송을 하나님께서 어떻게 들으셨을지 궁금하다.

다시 회중의 품으로 돌아오다

종교개혁과 함께 회중을 소외시킨 예배음악이 다시 그들의 품으로 돌아오게 된다. 우리가 잘 아는 종교개혁자인 마르틴 루터(Martin Luther, 1483-1546)가 찬송개혁도 함께 이뤄낸 것이다. 그 이유는 루터가 당시 애용했던 '코랄'(choral) 형식의 찬송 때문이다. 코랄은 기존 민요의 멜로디에 모국어로 된 찬송 가사를 붙이는 형식의 찬송시로서 이후에 많은 신앙의 지도자들도 애용한 신앙 훈련의 방법이다.

많은 사람들이 코랄이 루터에 의해 시작되었다고 알고 있지만, 그 이전에 토마스 뮌처(Thomas Müntzer, 1489-1525)에 의해서 시도됐고, 더 이전에는 모라비안 교도들이 사용한 것으로 전해진다.

다른 종교개혁자들에 비해 루터는 찬송의 중요성을 더 잘 알고 있었기에, 당시 대부분 문맹이던 회중이 함께 부를 수 있는 모국어 찬송을 보급하는 데 열정을 쏟았다.

그는 "모든 성도들이 하나님께 부름 받은 사제"라고 주장하고, "교회는 성도들의 모임"이라 말하며 종교개혁을 제창했다. 자연스럽게 그의 종교개혁은 회중지향적이었고, 성경을 모국어로 번역함과 동시에 당시 회중은 도무지 이해할 수 없었던 예배를 개혁하는 일을 해나갔다. 그리고 회중을 소외시켰던 회중찬송을 그들이 함께 부를 수 있도록 노력했다.

물론 회중찬송의 개혁은 루터만의 공은 아니다. 엄숙하고 어려운 라틴어 챈트(chant)만 가득하던 시대에 그가 〈내 주는 강한 성이요〉(A Mighty fortress is Our God)같은 코랄 형식의 노래를 부르면서 급작스럽게 새로운 찬송의 시대가 열린 건 아니다. 중세의 암흑기에도 회중찬송의 불은 희미하게나마 타오르고 있었다. 교회 안에서는 밀려났지만 교회의 울타리 밖에서는 그 생명을 유지하고 있었고, 루터는 이런 불씨들을 교회 안으로 들여와 활활 타오르게 만들었다.

또한 민요나 대중음악에 종교적인 노랫말을 붙인 종교음악은 이미 교회 밖에서는 낯설지 않았다. 루터는 이런 곡들을 배척하지 않고 예배에 충분히 활용할 수 있도록 포용하고 발전시켜나갔다. 교회 안에서 엄숙한 분위기로 라틴어 예배가 드려지고, 전문적인 소수 인원에 의해서 찬양이 독점된 때에 세속적인 민요나 대중음악에 신앙적인 가사를 붙인 코랄을 받아들이고 보급한 건 지대한 공로가 아닐 수 없다.

이후 영국의 아이작 왓츠(Issac Watts)나 찰스 웨슬리(Charles Wesley)를 통해서 회중찬송이 많이 발전되었다. 그들은 단순히 목회자로서의 면모뿐 아니라 작사와 작곡에도 직접 참여하면서 성도들의 신앙을 돈독하게 하는 사명을 감당했다.

아이작 왓츠가 목회하던 18세기 영국교회의 예배는 루터의 종교개혁 이전과 다를 바가 없었다. 성직자가 읽어주는, 신자들이 이해할 수 없는 긴 기도로 예배가 이루어져 회중의 참여가 전무했다. 이런 상황 속에서 왓츠는 그들이 쉽게 부를 수 있는 찬송을 지어 교회 안으로 가지고 들어와 활성화시켰다. 웨슬리 형제가 '노래하는 사람들'(singing people)이라고 불리며 영국의 부흥운동을 이끌어 나간 건 왓츠의 이러한 노력이 있은 이후다.

처음부터 이들의 찬송이 환영받았던 건 아니다. 왓츠 이전에도 코랄과 같은 형식의 찬송이 있었지만 루터 시대와 마찬가지로 개인적으로나 교회의 울타리 밖에서 교회와는 무관하게 이루어졌다. 역사 기록을 보면 1673년에 침례교인 키이치 목사가 호슬리다운교회에서 성만찬 이후에 한 장의 찬송을 부를 수 있도록 동의를 얻어냈고, 이로부터 5년 후에 추수감사 주일에 회중찬송을 부르기로 교회와 합의했다고 나온다.

물론 키이치 목사 외에도 마캔트, 위더, 박스터, 켄, 메이슨과 같이 회중찬송에 대해서 많은 관심과 애정이 있던 교회의 지도자들을 통해서 교회로 회중찬송을 들여오려는 노력이 있었다. 그러나 대부분의 이런 시도들은 반대에 부딪쳐 성공하지 못했다.

이전에 많은 노력이 있었기에 왓츠가 보다 더 수월하게 회중찬송을 도입할 수 있었고, 찰스 웨슬리 시대에 화려하게 꽃피울 수 있었다. 그 시대에는 총 535곡이 수록된 〈감리교도들이라고 불리는 이를 위한 찬송가 모음집〉(A Collection of Hymns for the People Called Methodists)을 편찬해낼 정도로 회중찬송이 발전했다. 당시 웨슬리 형제의 부흥운동을 두고 이러한 이야기들이 있었다고 한다.

"존 웨슬리의 설교가 1마일을 간다면, 찰스 웨슬리의 찬송은 적어도 2마일은 간다."

"감리교인 열 사람 중에 한 사람이 설교를 듣고 교인이 되었다면, 아홉 사람은 찬송을 듣고 교인이 되었다."

회중의 품을 떠났던 회중찬송이 다시금 그들의 품으로 오기까지 참 많은 이들의 노력이 있었다.

역사를 통해 본 바람직한 회중찬송의 모습

루터와 아이작 왓츠, 그리고 찰스 웨슬리의 찬송의 공통점은 '평이 함'이다. 당시 이들이 목회하던 독일과 영국에서는 교육을 제대로 받지 못한 사람들이 다수였다.

이런 시대적인 배경 속에서 찬송은 단순히 예배 때 은혜를 끼치는 수단만이 아니라 하나의 교리를 전하고 수호하는 역할을 감당했다. 기독교의 올바른 교리에 운율을 입혀서 전함으로써 사람들로 하여금 말로 전하는 것보다 전도를 쉽게 할 수 있게 하고, 이단으로부터 보호하는 역할을 감당했다.

그래서 찬송은 지극히 쉬워야 했고, 쉬운 만큼 사람들에게 사랑을 많이 받았다. 루터와 왓츠와 웨슬리는 당시 엘리트 지식층이었다. 그들이 좋은 미사여구를 몰라서 사용하지 않았을 리가 없다. 그러나 그들의 관심은 예술 창작이 아니라 당시 교육 수준이 높지 않았던 회중의 신앙 훈육에 있었다. 이것이 회중찬송이 반드시 갖고 있어야 하는 '회중을 배려하는 마음'이다.

즉, 올바른 회중찬송은 올바른 기독교의 정신이 깃들어 있어야 함은 물론이고, 쉽고 단순해야 한다. 교회에서 회중찬송을 염두하고 음악을 활용한다면 꼭 기억해야 한다. 가끔 전도사님들이 곡을 썼다고 내게 보내주는 경우가 있다. 다들 교회에서 널리 불렸으면 좋겠다는 마음으로 곡을 썼다고 한다. 그런데 막상 곡을 들어보면 회중을 위한 곡이라기보다는 본인의 음악적 소양이나 기량을 드러내는 곡들이 많아서 아쉬울 때가 있다.

회중이 함께 부르는 찬송을 만들고 싶다면 중장년층까지도 쉽게 따라부를 수 있도록 음악적으로 성육해 들어가야 한다. 회중찬송의 주인은 회중이다. 그들이 함께 불러서 하나님께 영광을 돌리는 게 목적이다.

회중찬송은 부메랑처럼 회중의 품을 떠났다가 다시 그들의 품으로 돌아왔다. 회중찬송은 공동체적인 신앙고백이다. 그 안에는 교리와 고백과 감사의 표현이 있고, 하나님을 예배로 초청하는 임재를 갈구하는 고백도 있다. 이것은 그 누구의 전유물이 될 수 없으며 되어서도 안 된다. 그래서 개별 교회에서 예배 인도를 하는 사역자들이 때로는 음악적으로 답답함을 느끼고, 욕심이 날 때도 있겠지만 회중찬송을 하는 이가 다름아닌 회중임을 잊지 말아야 한다.

아이작 왓츠 역시 스스로 당시 문맹인 대중들을 의식해서 평이한 언어로만 찬송을 작사하다보니 표현에 한계가 있어 답답하다고 어려움을 토로했다고 한다. 회중찬양 인도자들은 회중에게 좋은 찬송을 제공하는 것으로 기쁨을 누려야지 음악적 완성도를 채움으로 기쁨을 맛보아서는 안 된다.

내가 음악적으로 공부를 많이 하지 못해서이기도 하지만, 대부분 곡의 멜로디와 코드 라인을 쉽게 짠다. 내 트로트찬양이 교회 안으로 들어와서 함께 찬양하는 날이 언제 올지 모르지만, 그날을 기대하며 교회의 회중찬송으로도 활용될 수 있도록 곡을 만들 때 신경을 쓴다.

루터나 왓츠 당시에도 이런 평신도들의 움직임이 이어져 결국 교회 안으로 회중찬송이 들어온 것처럼 열심히 좋은 트로트찬양을 쓰다보면 그런 날이 오지 않을까 기대한다.

너 하나님의 사람아

초판 1쇄 발행   2015년 8월 10일

지은이   구자억

펴낸이   여진구
책임편집   4팀 | 김아진, 김소연
편집   1팀 | 이영주, 김수미   2팀 | 최지설, 김나연   3팀 | 안수경, 유혜림
책임디자인   마영애, 오순영 | 이혜영, 전보영
기획·홍보   이한민   해외저작권   김나은
마케팅   김상순, 강성민, 허병용, 이기쁨   마케팅지원   최영배, 이명희
제작   조영석, 정도봉   경영지원   김혜경, 김경희

이슬비전도학교   최경식, 전우순   303비전성경암송학교   박정숙, 정나영, 정은혜
303비전장학회 & 303비전꿈나무장학회   여운학

펴낸곳   규장

주소 137-893 서울시 서초구 매헌로 16길 20(양재2동) 규장선교센터
전화 02)578-0003   팩스 02)578-7332
이메일 kyujang@kyujang.com   홈페이지 www.kyujang.com
트위터 twitter.com/_kyujang   페이스북 facebook.com/kyujangbook
등록일 1978.8.14. 제1-22

ⓒ 저자와의 협약 아래 인지는 생략되었습니다
이 출판물은 저작권법에 의해 보호를 받는 저작물이므로 무단 전재와 무단 복제를 할 수 없습니다.

책값 뒤표지에 있습니다.
ISBN 978-89-6097-416-6 03230

규 | 장 | 수 | 칙

1. 기도로 기획하고 기도로 제작한다.
2. 오직 그리스도의 성품을 사모하는 독자가 원하고 필요로 하는 책만을 출판한다.
3. 한 활자 한 문장에 온 정성을 쏟는다.
4. 성실과 정확을 생명으로 삼고 일한다.
5. 긍정적이며 적극적인 신앙과 신행일치에의 안내자의 사명을 다한다.
6. 충고와 조언을 항상 감사로 경청한다.
7. 지상목표는 문서선교에 있다.

하나님을 사랑하는 자 곧 그의 뜻대로 부르심을 입은 자들에게는 모든 것이 合力하여 善을 이루느니라(롬 8:28)

규장은 문서를 통해 복음전파와 신앙교육에 주력하는 국제적 출판사들의 협의체인 복음주의출판협회(E.C.P.A:Evangelical Christian Publishers Association)의 출판정신에 동참하는 회원(Associate Member)입니다.